여기, 저 살아있어요

앞서 읽고
추천해 주신 분들의 글

스치는 바람에도 인간이 겪을 수 있는 극한의 통증을 느낀다는 CRPS(복합부위통증증후군). 저자는 이 희귀병을 견뎌 내고 있는 환자라 자신을 말합니다. 양말을 신으면 천으로 인해 통증이 찾아오고, 양말을 신지 않으면 바람이 닿아 고통을 느낀다는 저자의 표현은 가늠할 수 없는 그 아픔을 짐작이나마 하게 만듭니다. 그러나 평범한 일상을 잃고 극한의 고통을 마주하게 된 저자는 주저앉지 않았습니다. 나무는 혹한의 추위와 암흑을 견뎌내고 끝내 봄을 맞아 꽃을 피워 냅니다. 이 책은 절망과 고통에 꺾여 버리지 않고 신앙 안에 그 뿌리를 더 깊고 단단하게 내린 저자의 간증이자 결단입니다. 극한의 괴로움에 주저앉지 않고 다시 일어나 하나님 안에서 삶을 향한 기대와 소망으로 충만해진 저자의 간증이 추위와 암흑 속에 있는 분들에게 위로가 되길 바랍니다.

_김병삼(만나교회 담임목사)

『여기, 저 살아있어요』는 많은 이들이 포기를 택하는 절망의 낭떠러지에서도 유일한 소망 되시는 주님께 올려드리는 '은혜 보고(恩惠報告)'의 결정체입니다. 사람이 느끼는 최고의 통증을 종일 겪는 희귀 난치병과의 치열한 싸움 가운데 하나님만을 온전히 바라보는 한 청년의 실체 있는 고백이 이 책에 담겨 있습니다. 저자는 뼈가 으스러지고 피부가 불에 타는 듯한 고통의 극한 상황에서도 하나님의 신실하심을 고백하며 찬양하기를 포기하지 않습니다. 그의 거룩한 결단과 치열한 몸부림은 연약한 인생을 끝까지 붙드시는 주님의 불타는 심장을 느끼게 합니다. 끝을 알 수 없는 고난의 터널을 지나는 중에도 날마다 우리의 짐을 지시며 붙들어 주시는 하나님의 은혜를 모든 분들이 함께 고백할 수 있기를 바라며, 기쁨으로 이 책을 추천합니다.

_ 오정현(사랑의교회 담임목사)

욥보다 더 큰 고난을 겪은 사람이 없을 것입니다. 육신적 고통도 그렇지만, 정신적 고통, 영적 고통까지 최악의 고난이었습니다. 그래서 욥기를 통하여 수많은 성도들이 고난 중에 믿음을 붙잡고 이겨낼 힘을 얻는 것입니다.

김소민 작가의 투병 이야기 역시 그와 같다고 생각됩니다. CRPS 환자인 김소민 작가보다 더 큰 통증을 경험한 사람도 흔치 않을 것입니다. CRPS 환자에게는 완치는 꿈도 꾸지 못하고 '통증 경감'이 가장 큰 목표라고 했습니다.

책을 읽으면서 마음이 먹먹했습니다. 어떤 사람의 고통의 이야기를 글로 읽는 것이 주는 한계가 있습니다. 그러나 글로 읽는 것만으로도 너무나 힘들었습니다. 그러니 본인은 얼마나 고통스러웠겠습니까? 김소민 작가의 가족들이 겪었을 고통 또한 상상이 되지 않을 정도입니다.

그런 중에도 감사한 것은 김소민 작가의 믿음입니다.

마치 요셉이 설명할 수 없는 고난 중에 하나님께서 함께하신다는 믿음으로 견딜 힘을 얻었고 욥도 그 처절한 고통 중에 하나님의 손을 끝까지 놓지 않았던 것과 같았습니다. 그래서 CRPS 환자 중에서도 증상이 아주 심각한 편에 속했으면서도 포기하지 않고 꿋꿋이 이겨 낼 수 있었습니다. 그리고 지금 자신의 투병기를 브런치에 게재하는 작가로, 건강을 선물하는 사업가로 활동 중입니다.

그래서 김소민 작가에게 감사한 마음입니다. 이 책이 설명할 수 없는 고난 중에 있는 많은 이들에게 하나님을 붙잡고 이겨 낼 위로와 도전이 될 것을 확신합니다.

"저는 삶을 포기하지 않았습니다. 제 직업이 환자라 생각하고, 제가 할 수 있는 것들을 해 나가자 희망의 불빛이 보였습니다. 그 희망의 불빛을 환하게 하기 위하여 끊임없이 노력하자 기적이라는 선물이 주어졌습니다. 기적은 한순간에 오지 않았습니다. 하지만 포기하지 않고 오늘을 살아낸다면 지금 어려움 가운데 계신 모든 분들에게도 온다는 사실을 전하고 싶습니다."

_ 유기성(선한목자교회 원로목사)

저자인 김소민 청년을 만날 때마다 느끼는 것은 정말 이 청년이 CRPS를 겪고 있는 환자일까 생각할 만큼 밝은 표정과 맑은 목소리로 화답하는 아름다움에 대한 놀라움입니다. 이는 분명, 저자의 품성 속에 그리스도의 은총이 충만히 젖어 있기 때문일 것입니다. 그러나 제가 이 책을 읽고 다시 확인할 수 있었던 것은 그러한 은총이 우연히 자라거나 모범적 신앙생활에 대한 단순한 보상처럼 주어지는 것이 아니라 예상치 않게 찾아온 말로 다할 수 없는 고통의 터를 함부로 훼손하거나 등져서 외면함이 아닌, 숨길 것 없는 옛 친구의 방문처럼 온 마음과 영혼으로 진실하게 응답한 삶에서 피어나는 고귀한 선물이라는 사실입니다.

"고통은 당신에게 당신 자신을 소개하고, 당신으로 하여금 당신이 생각했던 사람이 아니라는 것을 상기시킵니다."라는 폴 틸리히의 말처럼 이 고통의 터는 저자를 진정한 저자 자신으로 만나게 해 주었고, "고통은 귀머거리 세상을 깨우는 하나님의 확성기입니다."라는 C. S. 루이스의 말처럼 저자의 이 고백은 시련과 아픔으로 침잠하여 살아가는 수많은 사람들을 깨우고 용기를 주는 하나님의 확성기가 될 것입니다. 꼭 일독을 권합니다.

_이해영(성민교회 담임목사)

이 책은 '복합부위통증증후군'이라는 희귀병을 앓고 있는 저자 김소민 씨가 쓴 투병기입니다. 저자가 앓고 있는 이 병은 만성적이고, 돌발적이며, 인간으로서 감내할 수 없는 극심한 통증을 유발한다고 합니다. 그런데 그녀는 끔찍한 고통 중에 감사를 찾았습니다. 우리의 감사와 그녀의 감사는 완전히 다른 모습입니다. 그녀의 감사는 무조건적입니다. 뼈에 못이 박히고, 피부가 칼로 썰리는 듯한 통증을 견디며, 양말 한 짝 신을 수 없는 고통 중에서 저자는 자신을 사랑하는 선하신 하나님 찾기를 포기하지 않습니다. 그녀의 믿음은 가식과 형용사를 전부 걷어 낸 절대적인 믿음인 듯합니다. 저자는 말합니다. 자신이 기뻐하는 것은 하나님께서 주시는 무언가가 아니라, 오로지 하나님 자체라고. 기쁨의 근원이 하나님이라고. 하나님 한 분이면 족하다고. 너무나 부러운 믿음입니다. 극심한 통증 속에서 저자가 써 내려간 이 책은 우리 모두에게 각자의 삶을 되돌아보는 기회와 다시금 살아 내고자 하는 용기를 줄 것입니다.

_ 신애라(배우)

하나님께서 택하시고 부르신 자, 김소민 작가의 투병기가 담긴 이 책을 추천합니다.

죽을 것 같은 고통이 아니라 죽어야만 끝나는 극한의 고통 속에서도 믿음의 힘을 발휘한 이야기입니다. 그녀의 강인한 믿음은 CRPS라는 혹독한 질병 가운데서도 영혼의 치유와 평안을 얻을 수 있음을 증명합니다.

먼저 말기 혈액암을 겪었던 사람으로서, 또 하나님의 기적적인 치유와 은혜를 입은 자로서 감히 고백합니다. 저는 그녀의 질병이 하나님의 절대적 계획하심 가운데 있었음을 확신합니다.

100% 옳으신 하나님은 단 한 순간도 그녀를 떠나지 않으셨고 정금과 같이 풀무불로 담금질하여 이제 세상에 내놓으셨습니다. 그녀의 이야기와 고백을 통하여 고통과 절망 속에 있는 이들이 하나님의 존재와 사랑을 믿는 힘을 회복하게 되기를 소망합니다.

_ 오은주(『교회오빠 이관희』 저자)

고통의 터널을
손잡고 걸어 주신 분들의 글

지난 6월 초 세계재활의학회 참석차 시드니로 향하는 기내에서 책을 펼쳐 읽기 시작했습니다. 주치의로서 저자와 함께했던 순간들을 떠올리면서 단번에 빠져들어, 하늘 위에서 완독하였습니다. '건강을 선물해 드립니다'로 끝나는 마지막 장을 덮으면서 "희망"이라는 선물을 받았구나 하는 큰 울림이 있었습니다.

만성통증으로 인한 지속적인 고통은 통증 그 자체가 일상생활을 힘들게 하기 때문에 통증 치료와 더불어 재활을 위한 노력이 중요합니다. 긴 호흡으로 크고 작은 파도를 넘다 보면, 잔잔한 일상으로 돌아갈 수 있습니다. 하지만 복합부위통증증후군(CRPS)환자에게는 재활의 효과가 더디고 때로는 통증을 악화시키기도 하여, 참으로 지난하고 언제 끝날지 모르는 싸움의 연속이기도 합니다. 난치성 통증 환자의 재활을 담당하고 있는 의사로서는 재활치료를 진행하는 가운데, 늘 긍정과 희망의 메시지를 전하고 있습니다. 긍정의 힘과 희망의 치유 능력을 믿기 때문입니다. CRPS라는 질병이 극심한 통증으로 평생 고통받는 불치의 병으로 알려져, 많은 환자들이 절망합니다. 때로는 저의 긍정의 메시지가 희망 고문이 아닐까 하는 의구심도 갖곤 합니다. 그러나 저자가 CRPS 통증으로 고통의 정점에 서부터 지금까지 여러 고비와 그 여파를 극복해 내는 과정을 목도하면서, CRPS 재활 여정에 또 하나의 희망을 얻어 봅니다.

CRPS로 고통받는 환자들과 가족들에게, 그리고 의료진에게도 CRPS를 이해하고 대처하는 데 실질적인 도움이 될 모범 사례를 만들어 주셔서 깊이 감사드립니다. 난치성 환자를 진료하는 의사들도 치료 성과가 잘 나오지 않으면 힘들고 지칩니다. 그 가운데에서도 의사로서 소임을 다해야 하듯이, 환자로서 소임을 다한 저자를 진심으로 존경합니다. 귀한 삶의 경험은 고통받는 많은 환자들의 귀감과 희망이 될 것입니다. 많은 분들이 이 책을 읽고 '건강을 선물 받기'를 마음을 다하여 기원합니다. 감사합니다.

_임재영(분당서울대학교병원 재활의학과 교수)

김소민 님의 글은 불치의 신경통으로 한 사람이 겪었던 시련과 고통의 과정을 진술하게 담고 있습니다. 저는 아직도 김소민 님의 과정을 지켜보고 있는 여러 의사 중 한 사람으로 이를 견디고 극복하고 있는 김소민 님에게 경의와 찬사를 보냅니다.

CRPS는 어느 날 갑자기 발생합니다. 교통사고나 추락사고와 같은 불의의 사고로 인한 신경 장애는 아직도 불치의 후유증을 유발합니다. CRPS는 아주 사소한 외상 후에 심각한 신경통으로 팔다리를 사용하지 못할 정도의 통증이 발생하는 희귀 질환입니다. 아직도 원인이 정확하게 밝혀져 있지 않습니다. 이 질환을 앓고 있는 환자들 중 일부는 심각한 통증으로 일상생활이 불가능합니다. 이런 일부 환자의 경우가 김소민 님입니다.

모든 환자들이 김소민 님처럼 잘 견뎌 내고 이를 극복해 나가기는 어렵습니다. 본인의 품성, 성격도 중요하지만, 가족들의 이해와 헌신도 그 배경에 있습니다. 또한 이 글을 통해 신앙의 중요성도 알게 되었습니다. 마약성 진통제에 대한 우리 사회의 편견의 문제도 중요합니다. 마약성 진통제는 일부 환자들에게는 반드시 필요한 약물입니다. 아직 마약성 진통제라 하면 소위 히로뽕처럼 생각하고, 진통제를 복용하는 중증 신경통 환자들을 마약중독자처럼 취급하는 공무원들도 많은 것이 현실입니다. 이 글의 부록에는 김소민 님이 직접 작성한 진통제에 대한 정리도 있습니다. 한번 정독하는 것을 권합니다.

치료가 되지 않는 환자들을 계속 진료하는 것은 고통스럽습니다. 그러나, 드물지만 치료가 되는 환자들을 만나는 것은 치료자의 입장에서 큰 축복이자 보람입니다. 김소민 님의 치료 과정을 진료자의 입장이 아닌 환자의 입장에서 돌아보니, 다시 한번 저의 치료에 문제가 없었는지 반성하게 되고 조심스럽습니다. 중증 CRPS 통증 환자들과 가족들의 괴로움을 다시 이해하는 시간이 되었습니다. 힘든 과정을 가족과 신앙의 도움으로 견딘 김소민 님의 의지에 격려를 보냅니다. 김소민 님의 글은 이 과정을 겪고 있는 다른 만성 통증 환자들에게도 큰 도움이 될 것으로 확신합니다.

아직도 CRPS가 없어진 것은 아닙니다. CRPS 확진 이후 지워진 김소민 님의 시간이 만 5년이 넘어갑니다. 이 글의 마지막 부분에 다시 일어서기 위해 노력하는 부분을 주목합니다. 저는 김소민 님이 앞으로 5년, 10년 뒤에 어떤 사람으로 우리 사회에 기여하고 있을지 행복한 상상을 하고 있습니다.

하느님의 축복이 김소민 님과 가족분들에게 계속 충만하기를 기원합니다.

_ 손병철(가톨릭의대 서울성모병원 신경외과 교수)

2000년대 초반부터 현재 근무 중인 병원이 통증 치료로 유명해지면서 전국에서 만성통증환자들의 방문이 끊이지 않았습니다. 더불어 CRPS 치료 중인 환자들의 정신건강의학과 방문도 함께 늘어나기 시작했습니다. 의과대 재학 시절, 마취통증의학 수업 시간에 스치듯 들었던 CRPS라는 질환으로 고통받는 환자들을 정신건강의학과에서 이렇게 많이 만나게 될 줄은 몰랐습니다.

CRPS에 대한 임상 경험이 늘어나면서 초반에는 희망보다는 무력감과 좌절감을 크게 느꼈습니다. 환자들의 생생한 통증 묘사를 듣고 있노라면 '이 병은 인간이 경험할 수 있는 최고로 무서운 질병이구나.'라는 부정적인 생각이 휩쓸아쳤습니다. 극심한 통증으로 인해 잠조차 잘 수 없고, 언제 찾아올지 모르는 돌발통 때문에 초긴장 상태로 살아가는, 그야말로 통증이 인생 그 자체가 된 삶을 견디는 환자들을 조금이나마 위로하고 싶었지만 적절한 말을 찾을 수 없을 때도 많았습니다.

그런데 비록 소수이지만, 생각보다 통증을 잘 견뎌 내는 CRPS 환자들이 보이기 시작했습니다. 고통과 좌절에 빠진 환자들이 대다수였기에 통증과 인생을 분리하여 생활하려 노력하는 그들이 신기하고 궁금하기도 했습니다. 이 책의 저자인 김소민 작가도 그들 중 한 명이었습니다. 저는 의사로서 이 책에 기록된 저자의 생생한 질병 경험을 읽고 극도의 통증에 시달리는 환자에 대해 더 많이 이해하게 되었습니다. '시련은 있지만 절망은 없다.'라는 말이 제게 더 이상 진부하지 않고 절실히 마음에 와닿았습니다.

저는 지금도 임상 현장에서 많은 CRPS 환자들을 진료합니다. 여전히 반복되는 고통 속에 계신 그분들에게 제가 당당히 희망을 말할 수 있게 된 것은 김소민 작가와 같이 통증을 이겨 내는 사람들이 있었기 때문입니다. 만성통증으로 고통 속에 헤매는 분들에게 이 책을 권합니다. 깜깜한 어둠 속에서 가늘지만 환한 빛이 새어 나오고 있음을 느낄 수 있을 것입니다.

_김태석(가톨릭의대 서울성모병원 정신건강의학과 교수)

선연한 기억에 의존하기보다 흐릿하더라도 연필로 쓴 기록이 더 낫다고 합니다. 통증의 상흔에서 시작된 기록은 고통 속 자신을 냉정하게 관찰하는 수단이 되었습니다. 나아가 세상에서 가장 큰 통증마저 이겨 내는 무기가 되었습니다.

환자로서 겪는 아픔을 갈무리한 김소민 작가의 글을 읽으며 짧은 외래 진료 시간 동안에는 미처 몰랐던 한 사람의 용기를 볼 수 있었습니다. 이 글을 통해 병원 밖 삶과 가족들의 고충을 시부저기 이해하게 됩니다. 의사는 환자에게서 많은 것을 배운다는 말이 맞는 것 같습니다.

홍릉수목원에 갔을 때 '문배나무 기준표본목'을 마주하다가 김소민 작가를 떠올렸습니다. 새로운 식물을 발견하여 처음 이름을 붙이게 되는 나무를 '기준표본목'이라고 합니다. 이 나무는 학술적 차원에서 후손에게 길이 물려줄 가치를 가지는 것은 물론, 이 수종이 다른 곳으로 퍼지게 하는 의미 있는 역할도 겸하게 됩니다.

김 작가의 글이 그렇습니다. 세상에서 제일 고통스러운 병을 겪으면서도 실낱같은 삶의 의미를 찾아내어 나뭇진(津)처럼 뿜어냈습니다. 그의 희망은 한 그루의 문배나무로 그치지 않습니다. 김 작가의 이야기는

CRPS 환우들뿐만 아니라 다른 질환을 겪고 있는 환자들에게도 힘든 삶 속에 취해야 할 우리 태도가 무엇인지를 비춰 주는 횃불의 재료가 될 것입니다. 그의 글은 우리 가슴에 있는 무거운 돌을 송진(松津)처럼 감싸서 영롱한 호박 보석으로 빛나게 해 줄 것입니다.

_김영훈(現 기댈통증의학과의원 원장,
前 가톨릭의대 서울성모병원 마취통증의학과 교수)

목차

앞서 읽고 추천해 주신 분들의 글

고통의 터널을 손잡고 걸어 주신 분들의 글

프롤로그

찬란한 어느 여름, 꽃이 졌다		
나를 표현했던 단어: 완벽함	22
대상포진이 쏘아 올린 큰 공	26
살기 위한 발버둥이 시작되다	30
국가가 인정한 중증 희귀 질환자	36

급작스레 찾아온 긴긴 한파		
양말 신는 것이 소원인 청년	44
약이 약을 부른다	51
세 시간과 맞바꾼 목숨	58
나에게 내려온 금 동아줄	65
천국으로 떠난 나의 버팀목	74
누가 저 좀 죽여 주세요	81
사라진 혈관	87
서른 살, 몸속에 기계를 넣다	92

나무는 추위와 암흑을 버텨 낸다	젊은 CRPS 환자의 종착지	102
	딸을 살리기 위한 엄마의 퇴직	108
	선하신 하나님?	114
	휴일이 싫은 이유	122
	마약은 하지만, 마약쟁이는 아니에요	128
	몸이 아파서 정신과에 갑니다	134
	마루타가 되는 현실	140
	내 몸은 기상청	144
	보호자의 무게	150

새로운 봄, 꽃, 그리고 열매	하루가 하루처럼	160
	건강이 최고야?	164
	그럼에도 '감사'	169
	다시 두 발로 걷기까지	178
	악순환을 끊어 내자	184
	10분의 기적	192
	불가능은 없다	199

마른 나뭇가지에서도 꽃이 핀다	WAY MAKER	210
	제 직업은 환자입니다	217
	병(病)력 단절	225
	섬김받는 자에서 섬기는 자로	231
	건강을 선물해 드립니다	237

에필로그
CRPS 환우들을 위해 덧붙이는 이야기

프롤로그

내가 중증 희귀 난치병 환자라고……?
그 누구보다 건강하고 행복하게 살아가던 내가? 왜……?

생각지도 못한 질병을 맞이한 다른 사람들과 별다를 바 없이 나 역시 복합부위통증증후군(CRPS) 환자가 되었다는 사실을 믿을 수 없었다. 받아들여야 했지만, 완전히 달라져 버린 현실을 마주할 때면 좌절감이 밀려왔다.

초기에는 이 질병을 이겨 낼 수 있다는 자신감이 넘쳤다. 하지만 시간이 흐를수록 더욱더 심해져 가는 통증을 겪으며 앞으로의 날을 살아갈 자신이 없어졌다.

이 책에는 이제 막 꽃을 피우려던 청년의 때에 CRPS라는, 일명 '저주받은 병'을 확진받아 치열하게 싸워나간 투병의 기록이 담겨 있다. 이 병과의 싸움은 아직도 끝나지 않았다. 하지만 나는 끝 모를 '동굴'이 아닌, 빛으로 가득한 출구가 있는 '터널'을 통과하는 중이다. 기적이라는 말로밖에 설명되지 않는, 아프기 이전의 삶으로의 복귀를 준비하게 된 지금. 내가 걸어온 지난 시간을 함께 나누고자 한다.

나의 이 글이 지독할 만큼이나 외로운 싸움을 하고 있는 CRPS 환자들에게 희망의 빛이 되고, 많은 이들이 일상의 감사를 고백할 수 있는 도구가 되길 간절히 소망한다.

투병 중 적어 두었던 통증 일기의 일부로 나머지 프롤로그를 대신한다.

2019년 5월.

아프기 시작한 초기에는 양말조차 신지 못했는데, 꾸준한 케타민 치료를 통해 운동화까지 신을 수 있게 되었다. 하지만 아직도 엘보 클러치 없이는 걷기 힘들다. 정확히 말하면 보행에 문제가 있는 것이 아니다. 발이 신발에 닿는 순간부터 통증이 시작되어 걸을 때의 다리 움직임이 통증을 악화시킨다. 나에게는 아무리 편한 운동화도 신고 있는 것 자체가 고문처럼 느껴진다.

돌발통이 올 때면 통증 부위에 라이터를 켜서 대고 있는 게 더 편할 것 같고, 칼로 몸속 깊숙한 곳을 난도질하고 싶은 충동이 찾아온다. 지금 느끼고 있는 통증보다 차라리 그 통증이 더 편할 테니 말이다. 그리고 그 정도 부상이면 전신마취가 필요한 수술을 해야 할 것이고, 그 시간만큼은 통증을 느끼지 못하니 오히려 그 편이 더 나을지도 모르겠다.

내 방에서 라이터와 칼을 다 치웠다. 통증이 심하게 오면 이성을 가지고 버티기 어렵기 때문이다. 예수님이 십자가에 못 박히셨을 때의 통증과 나의 통증을 절대적 수치로만 비교할 경우, 못 박힘 정도는 나에게 전혀 심한 통증이 아니다. 차라리 못을 박아주면 더 편할 것 같다는 생각을 수도 없이 했다.

돌발통이 오거나 통증이 심해질 때면 아이알코돈을 먹고 입에 거즈를 문 채로 버티고 또 버틴다. CRPS 통증으로 호흡곤란이 와서 쇼크사할 가능성이 있다고 한다. 호흡곤란이 심해지기 전에 119 버튼을 눌러 응급실에 가 모르핀을 맞으면 다행이고, 그 순간을 놓치면 방에서 혼자 몸부림치다 어느 순간 쓰러져 있다. 응급실에 가면 슈팅으로 모르핀과 아티반을 맞는다. 그럼에도 불구하고 때로는 잡히지 않는 이 통증이 진짜 미쳤다고밖에 할 수 없다.

난 자살이나 자해가 단 하나도 무섭지 않다. 남은 가족들이 받을 상처 때문에 매시간 매분 매초 이 통증과 싸워 내고 있을 뿐……

2020년 4월.

전신의 뼈는 으스러지면서 드릴로 뚫리는 것 같고, 피부는 불에 타서 진물이 나고 있는 속살에 알코올을 들이붓는 것 같은 통증이 지속되었다. 아이알코돈 수십 개와 자나팜 몇 개를 집어 먹어도 숨을 쉴 수 없어 아빠에게 급하게 연락했다. 119와의 3자 통화를 이용해 호흡이 끊어지지 않도록 도움을 받은 뒤, 응급실에 도착하여 살려달라고 난리를 쳤다.

모르핀 8mg+아티반 1mg, 케타민 100mg+미다졸람 2mg, 또다시 모르핀 8mg+아티반 1mg을 몸에 때려 붓고서야 겨우 집에 돌아와 잠에 들 수 있었다. 이렇게 많은 약을 써도 내 통증을 컨트롤할 수 있는 시간은 하루가 채 되지 않는다. 늦었지만 조만간 진행될 척수자극기 삽입 수술을 통해 통증이 조절되고, 모르핀과 수많은 마약성 진통제와 향정신성 약들에서 벗어나면 좋겠다.

현재 내가 할 수 있는 최선은 아이알코돈과 여러 가지 향정신성 약들을 먹어 가며 마우스피스를 물고 버티는 것.

죽지 못해 사는 매분 매초.

찬란한 어느 여름,

꽃이 졌다

나를 표현했던 단어 : 완벽함

지금도 선명하게 기억하고 있는 나의 어린 시절 모습 두 가지가 있다.

첫째, 5살 어린아이였던 내가 유치원에서 가장 좋아했던 활동은 색종이 위에 그려진 실선을 바늘로 콕콕 찔러 점선으로 만든 뒤 모양대로 떼어 내는 것이었다. 대부분의 아이들은 실선을 벗어나거나 촘촘하게 구멍을 뚫지 못했다. 삐뚤빼뚤한 모양은 물론 거의 찢다시피 색종이를 뜯어낸 아이들과 달리 내 작품은 완벽했다. 약 1mm의 간격으로 구멍을 내고 반듯하게 모양을 뜯어내는 그 순간, 나는 희열을 맛보았다.

둘째, 일정이 변경되면 참을 수 없었다. 당시 내가 다니던 유치원은 매주 한 번씩 야외활동을 하는 곳이었다. 때로 날씨와 상황에 따라 활동이 취소되면 나는 한참을 울며 받아들이지 못했다.

울고 떼쓰는 것이야 그 나이 또래 아이들에게 당연한 것이지만, 보통의 친구들은 금세 선생님을 따라 다른 활동에 집중했다. 하지만 나는 그렇게 할 수 없었다. 야외활동을 못하게 된 아쉬움이 아닌 변동된 일정에서 오는 혼란이 너무 컸기 때문이었다.

엄마가 지금도 종종 말씀하시는 이와 비슷한 사건이 있다. 내가 8살이었던 1998년 여름은 한강이 범람할 만큼 기록적인 폭우가 쏟아졌고, 텔레비전에서는 연일 기상특보가 이어지고 있었다. 하지만 나는 그날 아빠의 회사가 있는 여의도에 놀러 가기로 약속한 상태였다. 엄마는 오늘은 너무 위험하니 다른 날 가자고 나를 달래고 설득했지만 나는 '간다고 약속했으니 가야 해!'라며 끝까지 뜻을 굽히지 않았다. 결국 우리는 그날 그 폭우를 뚫고 63빌딩으로 향했다.

위험한 기상 상황에 여의도의 수많은 직장인들이 지하철역으로 내려가고 있는 와중에 엄마, 나 그리고 동생 단 세 명만이 여의도역 출구 계단을 올랐던 장면이 생생하게 떠오른다. 우산을 쓰는 것도 의미가 없을 만큼 폭우가 내리는 가운데, 나는 약속을 했다는 이유로 결국 여의도에서 놀고 왔다.

나의 학창 시절은 또 어떠했는가.

초등학교 5학년 때 친구들과 학교 연극대회에서 '토끼와 거북이' 연극을 하게 되었다. 나는 주인공 격인 토끼 역할을 맡았다. 그런데 연극대회 바로 전날 편도선염에 심하게 걸려 버렸다. 고열은 쉽게 떨어지지 않았고 목소리도 나오지 않았다. 아픈 건 어떻게든 참는다 해도 목소리가 나오지 않으니 큰일이었다. 하지만 주인공 자리를 누구에게도 양보하고 싶지 않았다. 나는 고열과 몸살을 모두 참아가며 목소리를 짜내어 친구들과 함께 명연기를 펼쳤고, 결국 상을 받은 뒤 양호실 침대에 쓰러졌다.

중고등학교 시절에는 열심히 공부했다. 학생의 본분은 공부라고 생각했기에 뒤처지거나 부족한 모습을 스스로 허락할 수 없었다. 시험이 끝나면 친구들은 나의 시험지를 가져가 자신의 답과 비교해 보았다. 특별히 좋아했던 수학 과목은 100점을 받아야만 직성이 풀렸다. 언젠가 한 문제를 틀렸을 때는 선생님을 찾아가 내 풀이 과정이 틀리지 않았다는 것을 증명해 냈고, 정답은 번복됐다. '역시 김소민'이라는 친구들의 추켜세움에 나는 한껏 들떴고, 나의 완벽함에 자만했다.

치열한 입시를 치르고 입학한 대학교에서는 그야말로 즐거운 시간을 보냈다. 20살로 보낸 그 1년이 평생 반복되어도 행복할 것이라고 자부할 정도였다. 학교 중앙 락밴드 드러머로 활동하고, 학과 풋살팀에 소속되어 시간을 쪼개 가며 경기를 뛰어다녔다.

하루는 교수님께서 말씀하셨다.

"나도 소민이처럼 살고 싶다."

누가 봐도 재미있고 행복한 시간들이 이어졌다.

부모님은 늘 나의 가장 든든한 지원군이 되어 주셨다. 덕분에 부족함이라고는 전혀 없는 환경 속에서 자랐다. 원하는 것은 무엇이든 가질 수 있었다. 부모님은 내가 하는 일이 누군가에게 피해를 주거나 법을 어기는 일만 아니라면 무엇이든 믿고 지지해 주셨다. 항상 웃음이 넘치고 화목한, 그야말로 완벽한 가정. 나는 그 안전한 울타리 안에서 성장하고 있었다.

모든 것이 완벽했다.

내 힘으로 안 되는 것은 없어 보였다. 내 계획은 흐트러짐 없이 이루어지고 있었다. 모태 신앙인으로 자란 나는 기독교인들이 말하는 소위 '하나님의 영광이 되는 삶'을 살아 낼 수 있으리라고 믿었다. 사회적인 성공을 거두고, 인정받는 위치에 올라 하나님께 영광을 돌리기 위해 완벽하게 내 인생을 꽃피울 준비를 하고 있었다.

그리고 찬란한 어느 여름, 막 피어나려던 나의 꽃이 졌다.

대상포진이 쏘아 올린 큰 공

2018년 봄, 하고 싶은 공부가 있어 그 외의 일들은 모두 정리했다. '대충대충'이란 없었던 나는 그해에 꼭 합격하겠다는 의지로 하루에 2~3시간만 자면서 식사 시간까지 줄여 가며 공부에 매진했다.

너무 쉼 없이 달린 까닭일까. 얼마 지나지 않아 잔병치레를 하기 시작했다. 처음에는 단순한 부비동염과 편도선염이었다. 그러나 점차 증상이 악화되더니 급기야 폐렴에 걸렸다. 아픈 와중에도 몇 달간 약을 먹으며 목표를 향해 열심히 달렸다. 어렵게 폐렴 치료가 끝나고 '이제 약을 그만 먹어도 된다.'는 소견을 듣고 병원을 나왔다. 그런데 바로 다음 날, 장염이 찾아왔다. 마치 누군가 내 몸을 가지고 장난을 치는 것만 같았다.

장염은 쉽게 낫지 않았다. 동네 병원에서는 크론병[1]이 의심된다며 진료의뢰서를 써 주었다. 검사 결과 다행히 심한 장염이라는 진단이 나왔고, 틈틈이 수액을 맞아 가며 계속해서 수험생활을 이어 나갔다.

그렇게 몇 달간 앓으며 체력이 바닥난 탓이었을까. 결국 2018년 여름, 대상포진에 걸렸다. 발병 부위는 발가락이었다. 초기에 바로 치료를 시작했음에도 포진이 터지면서 문제가 시작되었다. 터진 부분이 세균에 감염된 것이었다. 감염된 부위는 심한 염증으로 번졌고, 항생제를 복용하고 주사 치료까지 매일 시행했지만 전혀 호전되지 않았다.

결국 집 근처 대학병원 감염내과에서 입원 치료를 받게 되었다. 매일 고농도의 항생제 주사를 맞으며 치료에 전념했다. 입원기간 중 해당 부위에 통증이 있어 마취통증의학과와의 협진을 통해 신경차단술[2]을 받기도 했다. 그렇게 일주일간 치료를 받자 염증 수치가 떨어져 퇴원할 수 있었다. 포진 부위의 상처가 아물면 당연히 통증도 호전될 것이라는 생각과 함께 일상생활을 이어 나갔다.

그러던 어느 날이었다. 한여름이라 아주 얇은 이불을 덮고 자고 있었는데 발가락에 느껴지는 날카로운 통증 때문에 잠에서 깼다. 이불이 발가락에 스치는 것만으로도 심각한 통증이 찾아왔다.

이상했다. 지금까지 한번도 경험해 본 적 없는 통증이었다. 아무런 이유 없이 날이 갈수록 계속해서 통증은 더욱 심해졌다. 통증은 가만히 있을 때도 느껴졌고, 아주 작은 자극에도 '악' 소리가 날 만큼 날카로워졌다.

감염내과에서 퇴원할 때, 대상포진 후유증으로 통증이 남아 있을 수 있으니 증상이 호전되지 않으면 마취통증의학과 진료를 보라고 했던 말이 떠올랐다. 아무래도 통증이 심상치 않아 동일한 대학병원 마취통증의학과에 진료 예약을 했다. 예약 후 첫 진료일까지 3~4주를 기다려야 했는데 이 기간에 느꼈던 통증은 대상포진과는 확연히 다른 것이었다. 빨리 진료를 보지 않으면 큰일이 날 것 같은 직감이 들 만큼 날카롭고 참을 수 없는 통증이었다.

드디어 기다리던 마취통증의학과 첫 진료일이 다가왔다. 벌써 6년여 전의 일인데 지금도 의사 선생님께서 하신 말씀이 생생하게 기억난다.

"환자분, 이 병은 제가 진료를 볼 수 있는 병이 아니에요. 담당 교수님이 따로 계시니 그분 앞으로 진료 변경해 드릴게요. 아무리 힘들어도 절대 포기하지 마시고, 꼭 열심히 치료받으셔야 해요."

예상치 못한 전개에 당황스러웠다. 대상포진에 걸려 통증이 심하게 온 것뿐인데 절대 포기하지 말라는 신신당부라니. 첫 진료를 본 의사 선생님이 아프지 않게 시술을 해 주셔서 그분께 계속 진료를 받았으면 좋겠다고 생각했기에 굳이 나를 다른 교수님께 넘기려 하시는 것도 이해할 수 없었다.

의사 선생님은 내 증상이 '복합부위통증증후군'으로 의심된다고 말씀하셨다. 그 말을 처음 들었을 당시에는 '……통증증후군'이라는 표현밖에 기억하지 못하고 진료실을 나왔다. 지인들에게는 내가 무슨 긴 이름의 증후군 환자일 수도 있으니 앞으로 나에게 잘하라는 농담이나 던지며 그 순간을 가벼이 웃어넘겼다. 그렇게 마취통증의학과 첫 진료 날. 나는 다시 한번 신경차단술을 받고, 다양한 종류의 약을 처방받아 집으로 돌아왔다.

문제는 시술을 받고, 약을 먹고, 시간이 지나면 여느 질병처럼 호전될 줄 알았던 통증이 정말 하루하루 무서울 만큼 심해져 갔다는 사실이다. 이불이 발가락에 스치기만 해도 소리를 지르며 깨어났다. 샤워기의 물이 발에 닿으면 그 조그만 물방울이 마치 쇠구슬이 되어 발가락을 내려치는 것처럼 아팠다. 간단한 샤워를 마치고 나면 나의 몸은 물이 아닌 식은땀으로 범벅되어 있었다.

내 삶에 닥쳐온 극심한 한파의 시작이었다.

―
1) 크론병: 만성 염증성 장 질환
2) 신경차단술: 신경에 약물을 주입하여 신경 기능을 차단하는 시술법

살기 위한 발버둥이 시작되다

하루하루 통증은 무서울 만큼 심해졌고, 현재도 나를 담당하고 계시는 마취통증의학과 교수님께 진료를 보기 시작했다. 교수님은 내가 무슨 질병이든 상관없이 무조건 공격적으로 치료하자고 말씀하셨다. 당시 나는 통증이 너무 심해 '내가 받는 치료가 무엇인지, 어떤 작용을 하는 건지, 어떤 약물이 내 몸에 들어가는지' 등을 질문할 정신마저 없었다. 통증이 조금이라도 나아지기만 한다면 교수님께서 하자는 대로 무조건 따르겠다고 말했다. 그리고 말 그대로 '묻지도 따지지도 않고' 교수님의 처방에 전부 따랐다.

통증의 근원이 된 오른쪽 엄지발가락의 신경이 연결된 부위마다 신경차단술을 진행했다. 보통 발목, 무릎 앞쪽과 뒤쪽에 신경차단 주사를 맞았다. 시술 후에는 통증이 약간 줄어들었고 그렇게 감소된 통증은 3~4일 정도 유지되었다. 그러나 동일한 시술을 수십 회 진행하자 더 이상 아무런 효과가 없었고, 이내 중단했다. 이어서 가능한 모든 종류의 신경치료를 받았다. C-arm이라는 이동식 X-ray 기계를 이용한 경막 외 신경차단술은 물론, 허리에 부분 마취를 한 뒤 주사로 몸속 깊이 약물을 주입하기도 했다.

그럼에도 통증이 계속 악화되자 교수님의 권유로 입원 치료를 시도했다. 수술실에 들어가 척추 사이에 관을 꽂은 후, 그 관을 통해 신경 차단 약물을 지속적으로 주입하는 방법이었다. 약 10일간 입원 치료를 받고 나면 2~3주 정도 통증 감소 효과가 나타났다. 교수님은 나처럼 효과가 좋은 환자는 많이 없다고 기뻐하시며 해당 치료를 한 번 더 진행하셨다. 하지만 척수 감염 위험 때문에 그 이상의 치료는 할 수 없었다. 어쩔 수 없이 다시 초음파와 C-arm을 이용한 신경차단술, 약물 치료, 주사 치료 등 가능한 모든 시술을 받아 나갔다.

몸속 여기저기로 깊숙이 주삿바늘이 들어오고 약물이 투여되는 그 모든 순간은 눈물이 날 만큼 아팠다. 당연한 것이었다. 치료를 받고 나오면 때로는 얼굴빛이 사색이 될 만큼 힘들었다. 하지만 시시각각 내게 몰려오는 통증보다 더 무섭고 고통스러운 것은 없었기에 결코 치료를 포기할 수 없었다.

나에게는 열심히 치료를 받으면 좋아질 것이라는 희망이 있었다. 그러나 이를 악물고 그 모든 시술을 받아 냈음에도 불구하고 시술 효과의 지속 시간은 점점 더 짧아졌다. 때로는 아예 효과가 나타나지 않는 날도 있었다. 그런 날은 점차 늘어났고, 통증은 계속 악화되었다. 결국 아프기 시작한 2018년 그해, 나는 '마약성 진통제'를 복용하는 환자가 되어 버렸다. '마약'이라는 단어가 주는 공포감이 있었지만 그 약을 먹지 않고서는 도저히 버텨 낼 수 없었다.

그래도 막연하게나마 아프기 전의 삶으로 돌아갈 수 있으리라는 희망을 가지고 약을 복용했다. '이 약을 먹으면 내 통증이 잡히겠지.'라고 기대했다. 그러나 약의 이름만 '마약'인 것이 아닌가 하는 생각이 들 정도로 아무런 진통 효과가 나타나지 않았다. 약이 잘못된 것인지 내 몸이 이상해져 버린 것인지 알 수 없었다.

내 몸이 점차 무서워졌다.

당시 나는 28살, 어지간한 아픔은 주위 사람들에게 티 내지 않고 혼자 참아 내는 것이 편한 나이였다. 나로 인해 누군가를 걱정시키고 싶지 않았다. 튀는 행동으로 누군가의 시선을 끌고 싶지도 않았다. 그러나 CRPS는 이런 나의 의사 따위는 깡그리 무시되는 질병이었다. 24시간 지속되는 통증과는 별개로 급작스럽게 찾아오는 '돌발통'은 내가 처한 상황과 타인의 시선을 고려할 수 없게 만든다. 쓰나미처럼 통증이 몰려올 때면 다 큰 성인이고 뭐고 간에 그 자리에 주저앉아 엉엉 울며 몸을 주체하지 못하게 된다. 하지만 이렇게 우는 행위조차 몸의 진동을 일으켜 통증을 증가시킬 뿐임을 알게 된 후로부터는 이를 악물고 참고 참다 끝내 눈물을 흘리는 것이 극한의 아픔을 표현하는 방법이 되었다.

이런 아픔이 시작된 지 불과 몇 달 만에 나는 참을 수 없는 통증으로 모르핀[1] 주사를 맞게 되었다. 마약성 진통제를 처방받던 순간과는 다르게, 주사로 모르핀을 맞아야 한다는 사실은 큰 충격으로 다가왔다. 하지만 이 어마어마한 통증을 잡기 위해서는 다른 방법이 없었다.

내가 다니는 병원은 CRPS 환자에게 공격적으로 약물을 사용하는 편이었다. 그래서 나에게는 희석하지 않은 주사가 처방되었다. 어떤 약을 써도 잡히지 않던 통증이 모르핀 주사를 슈팅[2]으로 맞으면 수 분 내에 잠잠해졌다. 이렇게 한 번 주사를 맞으면 며칠은 버틸 만했다. 그러나 안타깝게도 통증을 잠재우기 위해서는 모르핀 주사의 용량을 점차 높여야 했고, 투여 주기도 점차 짧아졌다.

아프기 전 나는 종종 낙관주의자가 아니냐는 말을 듣곤 했다. 나에게 주어진 삶의 모든 것이 아름다워 보였다. 어떤 상황 속에서도 감사의 제목을 먼저 찾았다. 예기치 않은 통증이 나에게 찾아왔을 때도, 그 통증이 심상치 않다는 것을 느꼈을 때도 반드시 좋아질 것이라는 희망의 확신을 갖고 치료에 임했다. 이 난관은 내가 더 큰 행복을 누리기 위한 잠깐의 시련일 것이라고 믿었다.

하지만 다음 날이 찾아오는 것이 무서울 만큼 통증은 급속도로 악화되어 갔다. 긍정의 대명사였던 나조차 모든 상황이 버거워지기 시작했다. 어떻게든 희망의 끈을 놓치지 않으려 아등바등 애썼지만, 매 순간 덜컥덜컥 겁이 났다.

CRPS 환자들이 많이 다닌다는 대학병원들을 모조리 찾아가 보았다. 추가로 받을 수 있는 치료가 있다면 받았고, 해 볼 만한 모든 시도를 해 보았다. 그러나 치료명의 차이였을 뿐, 결국은 비이상적으로 느끼는 통증을 잠시 경감시키는 역할 외에 본질적 치료는 이루어지지 않았다. 그럼에도 이름을 다 기억하지 못할 만큼 수많은 시술을 투병 기간 내내 계속해서 받았다. 아주 미미한 효과만이라도 나타나길 바라며 포기하지 않고 계속 시도했다.

정확히는 포기하지 않았다는 표현보다 살. 기. 위. 해. 발버둥 치듯 치료를 받아야만 했다.

1) 모르핀: 마약성 진통제 _ CRPS 통증을 그나마 버틸 수 있도록 통증 경감에 큰 도움을 준 주사제이다. 주로 호스피스에서 말기 암 환자에게 사용하는 약물이다.

2) 슈팅: 약물을 희석하지 않고 혈관에 직접 주사하는 방식으로 위험성은 크지만 약효가 빠르게 나타난다.

국가가 인정한 중증 희귀 질환자

2018년 여름부터 시작된 통증을 치료하기 위해 말 그대로 최선을 다했다. 하지만 결국 2019년 3월 5일, 나는 복합부위통증증후군(CRPS: Complex Regional Pain Syndrome)이라는 중증 희귀 난치병을 확진받고 산정특례[1] 등록을 마쳤다.

그 이름마저 낯선 복합부위통증증후군은 신경계 질환으로 극심한 통증이 만성적으로 나타나는 질병이다. 사람이 느낄 수 있는 통증 지수를 0점에서 10점까지로 나눌 경우, 출산의 고통을 7점으로 보는데 CRPS는 9~10점의 고통을 느낀다고 한다. 이러한 고통은 손발을 자를 때의 고통보다 더한 것이다. 간단히 말해 CRPS는 인간이 경험할 수 있는 가장 극심한 고통을 24시간 내내 느끼며 살아가야 하는 질병이라 할 수 있다.

CRPS 확진에는 여러 절차가 필요하다. 담당 의료진은 먼저 환자의 상태가 '세계통증연구학회 진단기준'이 제시하는 항목에 해당하는지를 판단한다. 이는 통증 부위에 나타나는 증상이 다른 질병으로 인한 것이 아닌지를 판별하기 위해서이다. CRPS가 아닌 다른 질병일 가능성을 하나씩 소거해 나가는 것이다.

동시에 환자가 CRPS만이 특징적으로 가지고 있는 몇 가지 항목에 해당하는지에 대한 여러 검사도 진행된다. 외부자극이나 기저 질환에 의한 급성 통증과 구분되어야 하므로 치료를 받기 시작한 후 6개월이 지나고 난 뒤에야 검사 결과에 따라 CRPS 확진이 내려진다.

통증 발현 부위인 내 오른발은 아주 미세한 자극에도 극심한 통증을 느끼고 있었다. 이러한 상태로 그 많은 검사를 받는 것은 매우 어려운 일이었다. 하지만 나는 통증의 원인을 찾기 위한 과정이라고 되뇌며 가능한 한 담담하게 검사에 임했다.

"CRPS가 맞습니다."

담당 교수님의 최종 진단이 내려졌다.

'CRPS 확진'은 생각보다 나에게 별다른 감흥을 주지 않았다. 이미 받을 수 있는 모든 치료를 받고 있었기 때문이었을까. 그 모든 치료에도 불구하고 통증은 무섭도록 심해졌기 때문이었을까.

통증 발현 후 6개월 만에 멀쩡한 두 다리와 두 발로도 걷지 못해 휠체어를 타고 다니는 신세가 되어 버렸기 때문일까. 확진 여부와 관계없이 이미 나의 삶은 상상조차 할 수 없었던 깊은 구렁텅이 속으로 빨려 들어간 뒤였다.

다른 CRPS 환자들은 확진받은 순간 더 이상 좋아지지 못할 것이라는 생각에 힘들었다고 말하기도 했다. 반대로 확진 후에는 산정특례 등록이 되어 국가의 의료비 지원을 어느 정도 받을 수 있으니 차라리 다행이라고 말하는 이들도 있었다. 그도 그럴 것이 산업재해나 교통사고, 의료사고 등의 이해관계가 얽혀 있는 사람들에게는 CRPS 확진이 매우 중요하게 작용하기도 한다.

지극히 평범한 삶을 살아가던 내가 CRPS 확진을 받고 난 뒤 달라진 점에 대해 생각해 보았다.

첫째, 아무것도 하지 못하고 누워만 있는 이유가 'CRPS라는 질병을 앓고 있기 때문'이라고 말할 수 있게 된 것이다.

가족은 물론 가까운 지인들은 발병 후 갑자기 달라진 내 모습을 받아들이기 어려워했다. 더군다나 확진 이전의 6개월이라는 시간 동안 원인도 모른 채 치료만 받는 상황에 모두가 걱정을 넘어선 답답함까지 느끼고 있었다. 그런 그들에게 '내가 CRPS 환자라서 이렇다.'는 책임감 없는 답변을 할 수 있게 된 것에 만족해야 했다. 사실 CRPS는 원인을 모르는 질병이라 더 큰 문제에 봉착한 것이었지만 말이다.

둘째, 주변 사람들로부터 치료에 관한 온갖 권유를 받게 되었다는 것이다.

아프기 시작한 후, 자신이 잘 알고 있는 병원과 의료진에 대한 정보가 수도 없이 쏟아졌다. 어쩔 수 없이 등쌀에 떠밀려 찾아가면 해당 병원 의료진은 내 질병명을 듣자마자 자신이 해 줄 수 있는 것이 없다는 답변을 내놓을 뿐이었다. 오히려 CRPS 환자는 처음 봐서 신기하다며 나의 통증 부위인 발을 살펴볼 수 있는지 물어보는 의사도 있었다.

그들 모두가 걱정하는 마음으로 나와 부모님에게 강권에 가까운 권유를 했으리라고 생각한다. 하지만 당시 나에게 그런 제안들은 참 힘들었다. 움직이는 행위 자체가 통증이었던 나를 두고 자신의 말을 따르지 않는다는 이유로 나을 의지가 없는 사람인 양 매도하는 이들도 있었다. 하지만 숨겨진 명의, 숨겨진 병원은 존재하지 않았다.

평생 살면서 이렇게 희귀한 질병에 걸릴 것이라고는 전혀 생각하지 못했다. 누구나 큰 병에 걸리면 '왜 꼭 나여야 할까?'라는 의문을 가지게 되듯 나 또한 그랬다. 그런 병은 따로 걸리는 사람이 정해져 있기라도 한 것처럼 나는 아닐 것이라는 오만한 생각에 빠져 있었다.

모든 것을 받아들이고 이겨내야만 했다. 누구에게도 뒤지지 않을 높은 자존감을 가지고 있었던 나였기에 CRPS 확진을 받고 이 병이 얼마나 무서운지에 대해 들었을 때도 크게 개의치 않았다. 오히려 '훗! 이번 어려움도 잘 극복해서 또 하나의 고난을 극복해 낸 멋진 사람이 되어야지!'라고 생각하며 희망찬 미래를 꿈꿨다. 이 마음가짐은 불과 1년이 채 가지 못했다.

생일이 연말에 있어 매해 생일마다 한 해를 정리하며 짧은 글을 적곤 한다. 아프기 시작한 28살 생일에 적은 글은 '나에게 온 시련을 열심히 이겨 내서 다시 웃자!'였다. 다음 해인 29살 생일에는 '내가 이 세상에서 맞이하는 마지막 생일'이라고 짧게 적었다.

29살 생일 케이크의 초를 불며 펑펑 울었다. 평범한 내 또래라면 20대의 마지막 생일이라는 아쉬움 정도를 느꼈을 테지만 나는 아니었다. 당시 나는 그것이 사랑하는 가족과 보내는 내 인생의 마지막 생일이라는 확신을 가지고 있었다. (감사하게도 그 후로 몇 번의 생일을 더 맞이할 수 있었고, 지금은 다음 생일을 기다릴 수 있게 되었다.)

간혹 통증이 호전될 때면 나는 나에게 내려진 CRPS 진단에 의심을 가지곤 했다. '그렇지, 내가 희귀 난치병 환자일 리가 없어! 검사가 잘못되었던 건 아닐까? 그때 내 뇌가 잠시 이상해서 그 순간 통증을 너무 세게 느꼈던 건 아닐까? 내가 엄살이 심했던 건 아닐까?' CRPS가 아닐 수 있는 수만 가지 경우의 수를 떠올리며 현실을 부정하고 싶었다. 하지만 그런 생각을 하기가 무섭게 강한 통증이 밀려왔다. '그래. 내가 CRPS 환자가 맞구나.'라고 인정할 수밖에 없는, CRPS 외에는 설명할 수 없는 통증이었다.

내 기준에서 가장 심한 저주의 말은 바로 'CRPS에 걸려!'이다. 모든 사람이 두려워하는 죽음조차도 그에 비할 것이 아니다. 차라리 죽는 것은 그 삶이 끝나기 때문에 잔인하다고 할 수 없다. CRPS 환자는 쉽게 죽을 수도 없다. 살아 있으면서 지옥에서나 경험할 법한 고통을 매일, 매 순간 느끼며 살아가야 한다. 통증으로 일상생활을 영위하지 못하는 것은 물론, 숨쉬는 것조차 벅찬 시간을 살아가야 한다. 인터넷에서 CRPS를 검색했을 때 가장 흔히 사용되는 '저주받은 병'이 내가 겪어본 바 최적의 표현이었다.

CRPS는 사람이 절대 걸려서는 안 될 병이었다.

―

1) 산정특례: 암 환자, 중증 희귀 질환자 등을 대상으로 국가가 진료비 본인 부담률을 경감해 주는 제도로 급여 해당 부분의 90%를 공제해 준다. 환자는 '급여 부분의 10% + 비급여 부분'을 부담하게 된다.

급작스레 찾아온

긴긴 한파

양말 신는 것이 소원인 청년

내가 겪었던 CRPS 통증에 대해 적어 보고자 한다.

먼저 통증이 오는 시간은 '24시간 내내'이다. 수많은 약을 먹어도 통증이 없는 순간은 단 한순간도 없다. 약은 그저 죽지 않고 버틸 만큼의 도움만 줄 뿐이다.

2018년, CRPS 의증[1] 상태일 때 메모장에 기록해 두었던 통증 표현이다.

뼈가 꺾이면서 부러져 나가는 통증
뼈에 못이 박히는 통증
뼈 자체가 옥죄이는 통증

살점이 떨어져 나가는 느낌

망치 사이에 끼인 느낌

전기에 '빡' 하고 감전된 느낌

샤워기에서 떨어지는 물이 쇠구슬처럼 느껴지고, 발에 물이 닿으면 발 전체가 전기에 감전되는 느낌

발가락을 조금만 움직이려 해도 발가락 위에 수십 개의 바늘이 박혀 있는 것 같음

앞에서도 밝혔듯이 이와 같은 통증을 간혹 느끼는 것이 아니다. 몇 가지가 복합적으로, 때로는 번갈아 가며 24시간 내내 찾아온다. 참고로 이때의 통증은 그 이후 겪은 통증에 비하면 시작에 불과했다.

이 병의 가장 큰 어려움은 '돌발통'이다. 24시간 내내 있는 지속통보다 훨씬 강력한 통증이 갑작스럽게 찾아온다. 돌발통은 외부 자극에 의해 유발되기도 하지만 아무런 이유 없이 시작되기도 한다. 하루에도 몇 번씩 짧으면 30분~1시간, 길게는 모르핀을 맞기 전까지 사라지지 않는 돌발통을 겪고 나면 온몸의 진이 다 빠진다. 입 밖으로 내뱉을 기운조차 없어 '제발 누군가 나를 죽여 주세요.'라는 외침을 머릿속으로만 반복할 뿐이다.

돌발통이 찾아올 때 느낀 통증 양상을 기록해 둔 글이 있다. 통증이 눈에 보이는 것이 아님에도 머릿속에 상세한 상황이 그려지며 하나하나 명확하게 느껴진다.

'칼로 마구 긋고 불을 붙인 뒤 벗겨져서 진물이 난 피부에 소독액이 뿌려지고 있는 것 같음. 드릴로 뼈를 뚫고 면도날을 발 전체에 박아 놓은 것 같음.'

나의 통증 발현 부위는 오른발이었기 때문에 다리를 사용해야 하는 행위가 전부 두려워졌다. 화장실에 가는 것조차 말 그대로 '기어서' 가야 하는 상황이었다. 침대에서 방바닥까지 아메바처럼 천천히 흘러 내려와 온몸을 이용해 화장실로 기어갔다. 마음 같아서는 20대 여자로서의 마지막 자존심까지 다 버리고 기저귀를 차고 생활하고 싶었다. 몸을 아주 조금이라도 움직이면 그 움직임 자체가 자극이 되어 지옥 같은 통증이 느껴졌기 때문이다.

뼈가 부러진 것도 아니고, 인대가 끊어진 것도 아니고, 근육을 다친 것도 아닌데 걷기 위해 다리를 움직이면 그로 인해 발생하는 미세한 바람조차 자극이 되어 통증을 유발했다. 발을 땅에 딛기라도 하면 발가락이 찢어지는 듯한 통증이 찾아와 미칠 것만 같았다. 결국 나는 오른발을 아예 쓰지 못하는 상태가 되어 목발을 짚고 다니게 되었다.

양말을 신는 것에도 아주 큰 결심이 필요했다. 교수님께 여쭤보았다.

"교수님! 양말을 신으면 양말 천이 닿아서 아프고, 양말을 신지 않으면 맨발에 바람이 닿아서 아파요. 저는 어떻게 해야 하죠?"

교수님은 방법이 없다며 둘 중 하나의 통증은 참아야 한다고 답하셨다. 나는 양말 신을 때의 일시적인 통증을 견디기로 마음먹고, 어떻게든 양말을 신기 위해 노력했다.

양말을 신기 전에는 경건한 의식을 치르듯 양말을 손에 든 채 크게 심호흡을 했다. 그리고 아주 아주 조심스럽게 최대한 자극이 느껴지지 않도록 천천히 양말을 신었다. 언젠가는 입에 수건을 물고 통증을 견디며 양말을 신다가 이런 양말 따위가 통증을 일으킨다는 사실에 서러움이 복받쳐 엉엉 울었다. 그러다 양말이 발에 닿으면 아파서 또 울었다. 그렇게 양말을 한 번 신고 나면 외출도 하기 전에 몸은 이미 식은땀으로 다 젖어 있었다. 양말을 신고, 신발을 신고, 두 발로 걸어 다니는 것. 지극히 당연하고 일상적이었던 이 행위들이 간절한 소원이 되어 버렸다.

병원에 가기 위해 차를 타면 차가 덜컹거릴 때마다 아팠다. 엘리베이터를 타면 특유의 진동이 통증을 악화시켰다. 휠체어를 타고 가다 아주 낮은 턱에만 걸려도 순간 솟구치는 통증에 소리를 질렀다. 누군가 내 몸을 아주 살짝이라도 건드리면 그 진동이 발까지 느껴져 미칠 것만 같았다.

살면서 전혀 의식하지 못했던 자극들이 전부 통증으로 느껴졌다. 실내에서 맨발로 있으면 공기의 흐름이 나에게 자극이 되었다. 에어컨 바람도 아니고, 외부 공기도 들어오지 않는 막힌 공간에서 자연 기류로 인한 통증이라니……. 이런 자극을 통증으로 느끼는 내 몸이 무서웠다.

CRPS는 통증 부위의 색 변화가 나타나는 특징이 있다. 나의 오른쪽 발 색깔은 점점 죽은 사람의 발처럼 변해 가기 시작했다. 붓기 또한 동반되었다. 또 발톱의 이영양성[2] 징후가 나타났다. 통증 부위인 엄지발가락 발톱은 계속해서 깨졌다. 동시에 발톱 주변의 살은 부어오르고 알 수 없는 포진들이 번져 피부과 진료를 병행해야만 했다. 이렇듯 반복적으로 염증이 생겨 붓고 피가 나는 과정은 통증을 악화시키는 요인이 되기도 했다.

해당 징후가 다른 질환 때문에 나타나는 것일지도 몰라 조직검사도 두 번이나 시행했다. 하지만 다른 원인은 없었다. 진물과 피가 계속 흘러 오른발을 소독하고 약을 바르며 때에 따라서는 거즈로 감싸둬야 했다. 가만히 두어도 아픈 CRPS 통증 부위에 약을 발라야 하는 현실은 내게 너무 가혹했고, 상상 이상의 스트레스로 다가왔다. 온몸에 식은땀을 흘리며 면봉으로 약을 바르면서 계속

심해지는 통증에 서럽게 울었다.

 병원에서 치료받는 시간 외에 내가 할 수 있는 일은 침대에 누워 마우스피스나 두껍게 접은 거즈를 물고 버티는 것밖에 없었다. 안전장치에도 불구하고 고통을 참으려 이를 악물다 보니 치아에 손상이 오기도 했다. 나중에는 치아에 무리를 주지 않으려고 입 속 피부를 물고 버텨 보았다. 살갗이 터져 피가 흘러나왔을 뿐 전혀 도움이 되지 않았다. 지금도 나의 입 안에는 그때 생긴 깊은 흉터가 있다. 그뿐일까. 매일 같이 몸부림치다 보니 전신의 피부가 마찰 때문에 벗겨져 깊은 상처가 여기저기 생겨났다.

 많은 환자들이 밤 시간 대에 증상이 악화되는 것처럼 나 또한 해가 지면 통증이 더욱 심해졌다. 아프기 전의 나는 침대에 누우면 바로 잠에 들어 밤새 통잠을 잤다. 하지만 CRPS가 시작된 이후로는 약을 아무리 먹어도 밤에 잠을 자는 것은 불가능에 가까웠다. 잠을 자기 위해 온갖 약을 몸에 때려 부으면 약에 취해 몇 초간 잠들었다가 금세 통증에 놀라 깼다. 또다시 약 기운에 잠깐 잠들면 나의 신음소리 때문에 다시 깼다. 깨어나 보면 그 잠깐 사이에도 통증이 얼마나 심했는지 얼굴은 눈물범벅이 되어 있었다. 이런 식으로 자는 것조차 불가능한 날에는 결국 새벽에 응급실로 실려 가야 했다. 하루 이틀도 아니고, 이런 생활이 몇 년 동안이나 이어졌다.

정말 너무 아팠다.

지옥보다 더 지옥 같은 통증이라고밖에 표현할 수 없었다. 지옥은 그 고통을 겪는 다수의 사람들이 있기라도 할 텐데 내가 겪는 질병은 희귀한 것이라 나의 아픔에 공감해 줄 수 있는 사람은 극소수에 불과했다. 여기서 오는 외로움과 고독감은 통증과는 또 다른 고통이었다.

내가 할 수 있는 일은 '버티는 것' 외에는 없었기에 매일 울며 버티고 또 버텼다.

―

1) 의증: 의심되는 상태 _ CRPS 확진을 받으려면 여러 절차가 필요하기 때문에 확진 전까지는 의증 상태로 치료가 진행된다.
2) 이영양성: 몸에 생기는 변성·위축·비대와 같은 일련의 현상

약이 약을 부른다

CRPS 통증에서 살아남기 위해 우리나라에서 처방 가능한 마약성 진통제를 종류별로 모조리 사용했다. 마약성 진통제는 크게 효과 지속 시간 및 약물 반응 속도로 나뉘어 처방된다.

내가 사용했던 마약성 진통제는 다음과 같다.

- 3일간 지속 효과가 있는 몸에 붙이는 마약성 진통제 패치 (예. 펜타닐 패치)
- 24시간 지속 효과가 있는 마약성 진통제 (예. 저니스타)
- 12시간 지속 효과가 있는 마약성 진통제 (예. 타진, 뉴신타)
- 속효성 마약성 진통제 (예. 아이알코돈, 펜토라)

이뿐 아니라 각종 향정신성 약물[1] 및 통증을 감소시키는 데 도움이 될 거라 '추정'되는 약을 모두 먹어야만 했다. 그야말로 '추정'이었다. CRPS는 원인을 알 수 없는 질병이라 어떤 약이 효과가 있을지 가늠할 수 없었기 때문이다. 그 수많은 약들 중 단 하나라도 나에게 맞는 약이 있길 바랄 뿐이었다. 여러 치료에도 불구하고 증상은 계속 악화되었고, 먹어야 하는 약도 계속해서 늘어 갔다. 결국 하루에 먹어야 하는 알약의 수가 100개를 넘어서는 상황을 맞이했다. 몸이 온통 약에 절여진 느낌을 받았다.

극심한 통증은 여전해서 일상생활 자체가 불가능해졌다. 사람이 살기 위한 기본 행위인 '먹고, 자고, 싸고'를 하기 위해 다양한 약을 사용했다. 하지만 약을 먹는다고 해서 이 세 가지 행위가 가능한 것도 아니었다. 그저 죽으면 안 되니까 약이란 약은 몸에 다 쏟아부어 억지로 몸의 기능 하나하나를 조절해 나가는 것만 같았다.

'먹고'를 위해 식욕이 없을 때는 식욕 촉진제를 먹었다. CRPS 환자의 몸은 언제나 최고조의 긴장 상태라 음식을 소화시키지 못한다. 겨우 음식을 먹고 나면 소화를 도와주는 약을 먹어야만 했다. 몸속 소화기관 각각에 맞는 약을 일일이 먹었다. 때로 음식을 먹지 못하는 상황이면 영양제를 맞아 몸의 에너지를 유지했다.

'자고'는 불가능에 가까운 일이었다. 매번 통증이 잠을 이겼다.

잠을 자기 위해 수면제와 수면 보조제는 물론 잠이 오는 부작용을 가진 약까지 함께 먹었다. 각종 안정제와 몸의 근육을 이완시키는 약 또한 포함되어 있었다. 그럼에도 운이 좋아야 하루에 1~2시간을 잘 수 있을 뿐이었다. 밤은 나에게 잠을 자며 '휴식'하는 시간이 아닌 통증에 지쳐 응급실로 실려 가는 '응급' 시간이었다. 잠은 죽어서나 자는 거라고 말하며 애써 웃었지만 이런 생활을 몇 년이나 유지하는 것은 버거움 그 이상이었다.

교수님은 말씀하셨다.

"네가 먹는 약을 일반인이 먹을 경우, 단 5분도 견디지 못하고 3일간 쓰러져 잠만 잘 거야. 죽지 않으면 다행이지."

그랬다. 내 약은 사람이 먹어도 되는 용량을 넘어선 지 오래였다. 마약성 진통제를 최대 용량으로 사용하다 보니 '싸고'의 영역에서도 문제가 발생했다. 부작용으로 찾아온 변비는 보통 사람들이 흔히 말하는 수준이 아니었다. 배변에 도움을 준다는 보조식품, 이를테면 푸룬 주스나 장 청소약 등을 병원에서 처방받은 변비약과 함께 먹어야만 했다. 그래도 해결이 되지 않을 때는 관장으로 해결해야 했다. 약으로 인해 온몸의 장기가 제 기능을 멈춘 것 같았다.

CRPS 환자에게 있어 가장 크고 중요한 목표는 '통증 경감'이다. 오직 이 목표 외에는 모든 것을 포기해야 하는 상황이 반복되었다. 통증만 줄어든다면 그 어떤 부작용도 감수해야 하는 것이 CRPS 환자의 숙명이었다. 다양한 약의 부작용은 머리부터 발끝까지 전신에 걸쳐 생각지도 못한 양상으로 발현되었다. 문제는 이런 부작용을 해결하기 위해 또 다른 약을 먹어야 한다는 사실이었다. '약이 약을 부른다.'는 표현이 시간이 지날수록 뼈저리게 다가왔다.

어떤 약은 먹기 시작한 지 3주 만에 체중을 7kg 증가시키기도 했다. 식욕 부진으로 식사를 거의 하지 못하고, 구역질과 구토를 달고 살았음에도 체중이 증가하는 것을 보자 약이 무서워졌다.

위를 보호하기 위한 약을 먹어도 매일 100알 넘게 복용하는 약은 위궤양을 몇 개씩 만들어 냈다. 위경련으로 응급실에 실려 가는 일도 잦았다. 속쓰림 정도는 늘 함께하는 친구처럼 여기며 생활했다. 피부에도 부작용이 나타나기 시작했다. 혀 또한 피부의 한 부분이라 고춧가루 하나라도 들어간 음식은 일절 먹을 수 없게 되었다. 이런 나 때문에 엄마는 몇 년 동안이나 내가 먹는 음식을 따로 요리하셔야만 했다. 가려움증도 엄청났다. 전신을 긁고 또 긁어 피가 나고 멍이 들었지만 단 한순간도 몸을 긁지 않고는 견딜 수가 없었다.

입 안의 침이 완전히 말라 말 한마디 할 수 없을 때도 있었다.

그와는 반대로 입고 있는 옷을 비틀어 짜면 물이 뚝뚝 떨어질 만큼 전신에 땀이 비 오듯 쏟아지기도 했다. 통증 때문에 식은땀이 나기도 했지만 약 부작용이 이를 더욱 증가시켰다. 안구 통증도 빈번하게 나타나서 눈에 넣는 진통제 안약을 항상 가지고 다녀야 했다. 예측할 수 없는 새롭고 다양한 부작용들이 계속해서 나를 괴롭혔다.

약으로 인해 면역력 또한 취약해졌다. 코로나19의 유행이 시작되기 전부터 나는 마스크 없이는 외출하지 못했다. 잠깐이라도 밖에 나갔다 돌아오면 감기를 비롯한 각종 호흡기 질환에 감염되었다. 몸의 모든 것이 약해지는 느낌을 받았다. 통증만 나아진다면 못 할 것이 없었기에 전부 참아냈지만 여러 부작용은 나를 더욱 지치게 만들었다.

주사로 맞는 약 또한 부작용을 피할 수 없었다. 통증 조절을 위해 내가 주로 맞았던 주사는 모르핀과 아티반[2]이었다. 사람마다 부작용은 다르게 나타나지만 나의 경우 가려움증과 구역감이 가장 심했다. 모르핀을 맞은 날이면 통증이 조금 줄어들어 잠을 잘 수 있었는데, 대신 가려움증이 상상 이상으로 찾아왔다. 피가 나고 살점이 떨어질 때까지 긁어도 가려움이 가시지 않았다. 가려움을 줄여 주는 약을 처방받기도 했지만 그다지 도움이 되지 않았다.

모르핀을 맞으면 바로 병원 화장실에 가서 구토를 하기도 했다. 구역감을 줄여 주는 주사를 같이 맞았지만 그 순간뿐이었다. 주사를 다 맞고 집에 온 뒤에도 금세 구역감이 심하게 올라와 결국 구토로 이어졌다. 모르핀을 매일 같이 고용량으로 맞다 보니 감내할 수밖에 없는 부작용이었다.

정신적인 영역의 부작용도 함께 생겨났다. 일상생활을 하는 것조차 겁이 날 만큼 기억력이 떨어지기 시작했다. 친구와 통화를 하다가도 방금 내가 무슨 말을 했는지 기억나지 않았다. 사람들과의 간단한 대화조차 조심할 수밖에 없었다. 가장 반짝일 20대의 나이에 내가 무엇을 했는지, 무슨 말을 했는지 기억하기 위해 계속 메모를 해야 했다. 교수님은 어쩔 수 없는 현상이라고 말씀하셨다. CRPS가 육체적인 영역을 넘어 정신적인 영역까지 잡아먹기 시작했다.

특히나 밤 시간대의 기억력 문제는 심각한 수준이었다. 약에 취해 잠을 잘 수 있게끔 매일 밤 수십 개의 약을 먹었기 때문이다. 아침에 일어나 엄마와 대화를 하고 식사까지 했다는데 전혀 기억나지 않았다. 밤새 집 안을 돌아다니며 무엇을 먹었는지는 다음 날 침대 옆을 보고서야 알 수 있었다. 기억이 통으로 날아가는 경험은 내게 새로운 절망감을 안겨 주었다.

슬픈 사실은 24시간 내내 약에 취해 지내고 있음에도! 통증은 미쳐 날뛰고 있다는 것이었다.

---

1) 향정신성 약물: 중추신경계에 작용하는 약물로 마약의 범주에 들어간다.

2) 아티반: 안정제 역할을 하는 향정신성 약물 _ 통증이 극심하면 숨을 제대로 쉴 수 없어 신경계를 진정시키기 위한 용도로 사용되었다. 신경이 지나치게 활성화되어 있는 CRPS의 특성상 통증 경감의 효과도 있었다.

세 시간과 맞바꾼 목숨

아프기 시작한 지 불과 반년쯤 되었을 때 더 이상 내가 받을 수 있는 시술은 없었다. 바꾸어 볼 약조차 남아 있지 않았다. 용량 또한 이미 최대치였다. 절망적이었다. 살면서 내 의지로 되지 않는 것이 있다는 사실을 절실히 깨닫게 되었다.

어쩔 수 없이 케타민[1] 주사 치료를 시작하게 되었다. 힘든 것은 당연하고, 사실상 목숨을 걸어야만 하는 치료법이었다. 케타민은 중추신경계에 영향을 주는 약물이다. 이러한 특징을 이용하여 중추신경계[2]와 자율신경계[3]에 문제가 있는 CRPS 환자에게 사용하는 것이다. 문제는 케타민이라는 약물의 부작용이 너무 심하다는 사실이다. 이 약물 자체의 위험성 때문에 케타민 치료를 진행하는 병원도 극히 드물고, 권하지 않는 의료진도 많다. 케타민은 향정신성 의약품으로 분류되어 있지만, 그 성분이 좋지 않아 동물용 마취제로 쓰이기도 한다.

케타민은 중추신경계를 마비시키는 약물이라 치료 도중 호흡이 멈출 가능성도 있다. 그만큼 위험성이 크기 때문에 병원에서 정해 놓은 규정 또한 엄격하다. 내가 다니는 병원도 케타민 치료는 주 1회로 제한되어 있었고, 세 시간 동안 정해진 용량[4]의 주사만 맞을 수 있었다. 또 이 세 시간 동안 반드시 직계가족에 해당하는 보호자가 단 한순간도 환자 옆을 떠나지 않고 지키고 있어야 했다. 호흡 저하는 치료를 받을 때마다 발생했다. 주사를 맞는 동안 산소포화도는 90 아래로 떨어져 '삑삑삑' 경보 알람이 반복해서 울렸다.

케타민 치료의 부작용은 탈모를 제외하고는 항암 치료의 부작용과 거의 유사하다. 케타민 치료를 받는 날이면 그 어떤 음식물도 먹기 어려웠다. 치료 전에는 통증이 극심해 먹을 수 없고, 치료를 마치고 나면 약에 취해 힘들고 속이 메스꺼워 무언가를 먹을 수 있는 상태가 아니었다.

주사를 다 맞고 나면 몸을 전혀 가누지 못했다. 부모님의 도움으로 병원 침대에서 휠체어로, 휠체어에서 차로, 차에서 집으로 이동해야 했다. 집에 도착하면 앉아 있지도 못할 만큼 정신을 차릴 수 없었다. 온종일 아무것도 먹지 못했는데도 속이 메스꺼워서 죽만 겨우 몇 입 먹을 수 있을 뿐이었다.

치료 후 2~3일 동안은 몸이 마치 물에 젖은 이불처럼 무거웠다. 몸을 움직이는 것은 고사하고 손가락 하나도 까딱하기 힘들어 24시간을 침대에서 누운 채로 보내야만 했다. 산송장과도 같았다. 전신이 짙은 무기력에 잠식당했다.

부작용으로 소화기관도 제 기능을 하지 못했다. 무언가를 삼키기도 힘들었고, 힘들게 먹은 뒤에도 다시 토해 내기 일쑤였다. 그나마 먹을 수 있는 음식은 죽뿐이었다. 엄마는 '죽 장인'이 되어갔다. 죽밖에 먹지 못하는 딸을 먹이기 위해 엄마는 온갖 종류의 죽을 개발해 나갔다. 죽 하나에 모든 영양분을 담아 어떻게든 딸을 살리려 노력했던 엄마의 마음을 생각하면 지금도 죄송할 따름이다. 하지만 당시에는 죽 한 입 한 입을 먹는 것이 전쟁이었다. 한 입이라도 더 먹이려는 엄마와, 도저히 못 먹겠다는 나 사이의 실랑이가 매일 이어졌다.

의료진들에게 이러한 부작용에 대해 말하면 이 약은 원래 마취제라 어쩔 수 없다는 답변만 돌아왔다. 수많은 부작용이 있다 하더라도 이조차 하지 않으면 더 지옥 같은 통증을 견뎌야 했기에 나는 부작용을 견디는 걸 택했다.

이런 케타민 치료를 만 2년간 매주 받았다. 그러나 시간이 지날수록 나의 몸은 케타민 치료를 견디지 못했다. 때로는 주사를 맞다가 호흡을 하지 못하고 거품을 물어 강제로 치료가 종료되기도 했다. 그럴 때면 통증이 사그라지지 않은 채 집으로 돌아가야 한다는 절망감에 휩싸였다. 이제 할 수 있는 치료라고는 케타민밖에 없는데 그 하나의 기회조차 잃어버릴 수 있다는 두려움이 덮쳐 주사실 침대에서 펑펑 울기도 했다. 매주 그렇게 힘겹게 치료를 이어 가던 어느 날, 케타민 치료를 완전히 멈출 수밖에 없게 한 사건이 발생했다.

그날은 비가 내리고 있었다. 비가 오면 통증이 악화되기 때문에 케타민을 맞기 전, 평소보다 모르핀을 한 번 더 맞았다. 증량된 모르핀 때문이었는지, 아니면 바닥나 버린 체력 때문이었는지는 아무도 알 수 없다. 주사를 맞기 시작한 지 1시간이 지났을까. 내가 계속 침을 삼키지 못하고 거품을 물자 엄마가 휴지를 건네주셨다. 나는 계속해서 거의 구토 수준의 침을 뱉어 내고 있었다. 이날 먹은 음식이 없었으니 아마도 침밖에 게워 낼 것이 없었던 것인지도 모르겠다.

어느 순간 평소 케타민 치료를 받을 때와는 차원이 다른 환각 상태가 찾아왔다. 숱하게 케타민 치료를 받았던 경험자로서 무엇인가 단단히 잘못되었다는 게 느껴졌다. 주위가 보이지 않기 시작하더니 끝없는 미지의 세계로 빨려 들어가는 듯한 느낌이 들었다. 그 순간 '아! 이제 진짜 죽는구나.'라는 직감이 들었다. 정신을 차리지 못해 아무 말도 하지 못하고 하염없이 눈물만 계속 흘렸다. 그렇게 한참 동안 정신을 잃었다가 잠깐 눈을 떴다.

이 세상에서 내게 주어진 마지막 시간이라는 확신이 들었다. 곁을 지키고 있는 엄마에게 하고 싶은 말이 너무 많았지만 정리가 되지 않았다. 내가 마지막으로 내뱉은 말은 "난 하나님을 믿어서 행복해."였다. 그동안 고마웠다고, 사랑한다고 말하고 싶었지만 저 말 한마디만을 전한 채 바로 또 무의식 상태로 넘어가 버렸다.

엄마는 딸이 24시간 내내 통증에 시달리는 것을 옆에서 지켜봐야 하는 보호자이다. 그래서 딸이 통증에서 자신을 해방시켜 줄 '매주 세 시간 케타민 치료'만을 간절히 기다린다는 사실 또한 너무 잘 알고 있었다. 그래서 어지간한 일로는 케타민 주사를 멈추지 않았다.

그러나 그날은 달랐다. 눈이 뒤집히고, 거품을 물고, 알 수 없는 소리를 하는 나를 발견하고 간호사 선생님을 급하게 부르셨다. 간호사 선생님들은 비상 상황임을 인지하고 즉시 주사를 멈추었고, 의료진들은 곧장 처치에 들어갔다. 나는 주사를 멈추고 어느 정도의 시간이 흐른 뒤 깨어났지만 '이러다 죽는구나.'라는 느낌은 떨쳐 낼 수 없었다. 사실 투병 기간 동안 통증에 지쳐 누구보다 이 세상을 떠나고 싶은 마음이 간절했다. 그런데 막상 생의 마지막이라는 느낌을 받자 너무 무섭고 외로웠다.

추후 의료진을 통해 들은 바로는 그 당시 나는 중추신경 마비로 호흡신경까지 마비된 수준이었다고 한다. 찰나의 시간만 더 지났다면 영영 회복 불가능한 상태에 빠졌을 거라고도 했다. 엄마의 빠른 판단이 아니었다면 나는 정말로 죽을 수도 있었던 것이다.

케타민으로 인한 사고는 매해 일어나고 있다. 그런데 내가 그중 한 명이 될 뻔했다. 실제로 나와 동일한 용량으로 몇 년 동안 케타민을 맞았던 30대 남성 환자가 7세 지능 수준으로 떨어진 경우를 목격한 적이 있다. 그 환자의 어머니는 나를 볼 때마다 케타민은 정말 조심해서 맞아야 한다고 신신당부하셨다.

받아들이기 힘든 부작용을 두 눈으로 보고도 나는 당장 하루를 살아 내야 했기에 케타민 치료를 받았다. 그것 외에는 통증에서 벗어나기 위한 다른 방법이 전혀 없었다. 매번 목숨을 걸고 주사를 맞아야만 했다.

지금도 통증에 KO패 당할 때면 그 힘든 부작용과 죽을 뻔한 위기를 겪었음에도 '케타민'이라는 단어가 머릿속에 먼저 떠오른다.

일주일 중 케타민을 맞는 세 시간이 유일하게 통증을 잊을 수 있는 시간이었기 때문이다.

나에게 케타민은 '하나뿐인 목숨'과 통증으로부터 '세 시간 해방'을 맞바꿀 뻔한 애증의 치료법이었다.

---

1) 케타민: 마약류에 속한 향정신성 의약품 _ 약학정보원 자료에 따르면 케타민은 '오용하거나 남용할 우려가 심해 매우 제한된 의료용으로만 쓰이는 물질'로 설명되고 있으며 필로폰, 엑스터시와 동등한 취급을 받는 약물이다.

2) 중추신경계: 뇌와 척수로 구성된 신경계

3) 자율신경계: 교감신경과 부교감신경으로 구성되어 있다. _ CRPS 환자들은 교감신경이 지나치게 활성화되어 있는 상태이다.

4) 정해진 용량: 병원마다 케타민 치료법은 각각 다르다. 내가 효과를 보았던 치료법은 세 시간에 걸쳐 100mg의 용량을 맞았던 방식이다. 케타민은 체중에 비례하여 용량을 정하는 것이 원칙이지만 나는 통증이 심해 병원에서 규정한 최대 용량 100mg을 맞았다.

나에게 내려온 금 동아줄

2019년 4월, 우리나라에서 유일하게 CRPS 재활 치료 커리큘럼이 존재하는 대학병원 재활의학과에 진료를 보러 갔다. 현재 나의 재활의학과 담당 교수님이신데, 교수님은 진료 첫날 청천벽력 같은 말씀을 하셨다.

"지금 사용하는 수준으로 계속 약을 먹으면 몸이 절대 버텨 낼 수 없습니다. 이 약을 전부 끊어야 합니다."

그날 진료에는 아빠가 동행했다. 딸의 몸에 좋지 않은 약을 모두 끊게 해 준다니 아빠는 교수님께 너무 감사해 하셨다.

내 안에는 두 가지의 마음이 공존했다. '죽을 것 같은 통증 속에서 그나마 약으로 버티고 있는데 이걸 끊어 내는 게 말이 되나?'라는 마음이 첫 번째였다. 두 번째는 '어차피 수많은 약을 먹어도 인간답게 살지 못하고 있는데 새로운 방법을 찾아보자.'는 마음이었다. 고민 끝에 교수님의 제안에 따르기로 결정했다.

그 당시 복용하고 있던 마약성 진통제의 용량이 어느 정도로 센 수준인지 알지 못했다. 약의 개수가 지나치게 많다고는 생각했지만 CRPS 환자는 으레 그렇게 먹어야 하는 줄 알았다. 주사로 맞는 모르핀의 용량과 횟수의 심각성도 전혀 몰랐다. 통증 속에서 정신 차리지 못하고 있을 때라 약의 심각성에 대해 고민할 여력이 없었다. 이미 약의 부작용을 온몸으로 느끼고 있었음에도 언제나 통증을 잡는 것이 우선순위였으므로 약을 줄이거나 끊을 생각은 전혀 할 수 없었다.

그제야 찬찬히 내 상태를 살펴보았다. 더 이상 나빠질 것도 없겠다는 생각이 들었다. 재활 치료를 받겠다는 결심을 하며 '그 어떤 것도 다 참아 내겠다.'는 각오를 다시 한번 다졌다. 그렇게 약물 조절과 재활을 위해 입원 치료에 들어갔다.

내가 받았던 CRPS 재활은 크게 '약물 조절'과 '신체적 기능 재활'로 나뉘었다. 두 가지 영역 모두 절대 한순간에 이루어지지 않는다. 완치되는 그 순간까지 계속해서 치열한 노력을 해야만 하는 것이었다.

1. 약물 조절

마약성 진통제를 끊는 과정에는 반드시 입원하여 24시간 의료진의 감시 아래 있어야 한다는 전제가 있다. 나 역시도 입원하여 교수님의 지시를 따라 기존에 먹던 약들을 한꺼번에 중단했다.

의료용 마약성 진통제는 흔히 말하는 '마약'과는 다른 줄 알았다. 그래서 중독이나 금단 증상에 대해 전혀 생각해 보지 않았다. 그러나 나에게 찾아온 금단 증상은 어마어마했다. 몸 안에서 불이 난 것만 같았다. 몸속 장기들이 어디에 있는지 느껴질 만큼 장기 하나하나가 불에 타들어 가는 듯한 증상이 찾아왔다. 식은땀으로 환자복은 물론 침대 시트까지 전부 젖어 버렸다. 온몸의 구멍에서 물이 흘러나왔다. 오한 또한 같이 찾아왔다. 영화 <친구>에서 유오성 씨가 연기한 인물이 마약을 끊는 과정에서 이불로 몸을 싸매고 덜덜 떠는 장면이 나오는데, 그 이상의 이상이었다. 약을 끊으며 소화기관이 다시 일을 하기 시작한 건지 변비로 고생하던 나는 하루에도 몇 번씩이나 화장실을 가야 했다. 옴짝달싹하지 못할 만큼 몸이 아픈 상태에서 화장실을 자주 가는 것도 엄청난 고역이었다.

금단 증상이 너무 심해 부모님이 옆에 계신데도 고개를 들어 바라볼 수조차 없었다. 아픈 나의 모습을 보여드리고 싶지 않았지만 그만 집으로 돌아가시라는 말을 할 힘도, 손짓할 힘도 없어 이불을 덮은 채 끙끙 앓았다. 밥을 먹기는커녕 내 손으로 컵을 들어

물을 마실 힘도 없었다. 그저 떨어지는 수액을 보며 몸의 마약 성분이 빨리 빠져나가길 바랄 뿐이었다.

가장 큰 문제는 금단 증상과 CRPS 통증을 같이 겪어야 한다는 사실이었다. 정말 죽을 맛이었다.

마약성 진통제를 끊는 과정에서 의료진의 멱살을 잡고 약을 내놓으라고 소리치는 소동이 벌어지기도 한다. 그들의 심정이 너무나도 이해되었다. 다만 나는 그런 소동을 일으킬 힘도, 말할 힘도 없어 침대 옆 콜벨만 계속 누를 뿐이었다.

그런 나날이 계속되자 담당 의료진들마저 이 정도면 충분히 버틸 만큼 버텼다고, 이제 그만 다시 주사를 맞자고 말하기도 했다. 그만큼 24시간 내내 처절하게 버텨 냈다. 난 좋아져야만 했다. 그 각오 하나로 '죽으면 죽는다.'가 아니라, '이미 죽었다.'는 심정으로 병실 침대에서 울며 버티고 또 버텼다.

물론 이 고생을 하고도 모든 약을 끊을 수는 없었다. 하지만 매우 값진 시간이었다. 나에게 맞는 약을 정확히 찾았고, 맞지 않는 약을 과감히 끊을 수 있었기 때문이다. '무식한 사람이 용감하다.'는 표현이 그 당시 나에게 가장 적합했다. CRPS 초기였기에 금단 증상이 있다는 사실조차 모른 채 겁도 없이 도전할 수 있었다. 질병과 싸워 이기겠다는 의지 또한 불타오르고 있었기에 이루어 낸 성과였다.

2. 신체적 기능 재활

약물 조절과 함께 CRPS 통증과 관련된 재활을 병행했다. 이 병은 뇌가 통증이 아닌 신호를 통증으로 인지하도록 만든다. 따라서 뇌신경 시스템을 제대로 돌려놓기 위한 과정이 진행되었다.

첫 번째 단계는 '좌우 식별 치료'[1]였다. 통증 부위인 발 사진을 들여다보며 오른발인지 왼발인지 구별하는 것 자체가 치료의 시작이었다. 신기하게도 발에 아픔을 줄 법한 모습, 예를 들어 발에 밧줄이 감겨 있다거나 발로 공을 차는 모습을 담은 사진을 보면 통증이 증가하였다. 통증이 심해지면 심호흡을 하거나 신경을 분산시키고 환기할 수 있는 다른 행위를 했다. 물론 통증이 떨어지지 않아 치료를 멈추기도 했다. 하지만 치료 과정이 세세하게 구분되어 있었기 때문에 한 번에 많은 자극을 받아들이지 않아도 되었다. 이 치료는 '이건 내가 실제로 아픈 것이 아니라 사진일 뿐'이라는 사실을 인식할 수 있도록 도와주었다.

두 번째 단계는 '거울 치료'[2]였다. 보통 정면을 비추는 거울과 달리 거울 치료에 사용되는 거울은 측면을 비추도록 설계되어 있다. 다시 말해 몸과 수직 방향으로 거울이 놓여 있는 셈이다. 좌우가 반전되어 비치는 거울의 특성상 거울에 나의 왼발을 비추면 거울 속의 발은 마치 오른발처럼 보이게 된다.

거울 치료를 할 때 아픈 오른발 대신 멀쩡한 왼발을 거울에 비추었다. 그러면 나의 뇌는 거울에 비친 왼발이 마치 오른발인 것처럼 착각하게 된다. 거울에 비친 왼발을 보며 오른발은 아프지 않다는 생각을 반복해서 머릿속에 심어 주었다. 내 오른발은 CRPS로 인해 항상 발톱이 깨져 있고, 피부는 터지고 붉게 부어 있다. 그런데 거울에 비친 깨끗한 발이 나의 오른발이라고 생각하며 바라보는 것만으로도 마음에 커다란 위안이 되었다.

재활의 모든 과정은 서서히 진행되었다. 치료사 선생님과 라포를 형성하며 나의 상태에 맞춘 세밀한 치료가 진행되었다. 각 단계별로 어떠한 통증 증가도 없을 정도로 익숙해지면 그제야 다음 단계로 넘어갔다. 그렇게 통증 부위를 움직여 보는 재활 치료의 마지막 단계에 이르렀다. 나는 목발의 도움 없이는 한 발짝도 걷지 못하고 있었다. 따라서 곧장 두 발로 걷기를 시도하는 대신 실내 사이클부터 타기 시작했다. 초반에는 실내 사이클조차 다리의 움직임으로 인해 발에 자극이 가해졌다. 기계에서 발생하는 미세한 진동이 통증을 유발하기도 했다. 그럴 때면 굳이 통증이 심해지는 상황을 참지 않고 두 손을 이용한 유산소운동으로 대체했다.

재활 치료를 시작한 지 1년이 지났을 무렵, 트레드밀에서 0.8km/h로 아주 천천히 두 발을 이용해 걸어 보았다. 그때 내가 걷는 모습을 지켜보시던 부모님은 처음 걸음마를 시작한 아이를 보듯 감격스러워하시며 동영상을 찍어 기록으로 남기셨다.

오랫동안 걷지 못했기 때문에 걷는 방법부터 다시 배웠다. 그 다음으로 계단을 오르고 내리는 등의 행동을 하며 발의 움직임을 새롭게 익혀 나갔다. 오른발을 몇 년간 사용하지 않았기 때문에 나의 오른쪽 다리는 왼쪽보다 가늘어졌고, 당연히 움직임도 둔해져 버렸다. 지금도 이를 극복하기 위해 끊임없이 재활을 진행 중이다.

치료받을 때마다 정상적인 왼발의 움직임을 익힌 후, 오른발에 적용해 보는 것이 큰 도움이 되었다. 예를 들어 발가락으로 휴지를 집어 옮기는 행동을 할 경우, 왼발로 먼저 해 본 뒤에 오른발로 시도해 보았다. 왼발이 어떻게 움직이는지, 어디에 힘이 들어가는지, 그때 어떤 느낌이 드는지를 기억해 두었다가 오른발을 사용할 때 그대로 적용하려고 애를 썼다.

CRPS 재활은 '통증 또한 내가 조절할 수 있는 영역'이라는 자신감을 가지게 해 준 일등 공신이다. 투병하면서 가장 힘들었던 것들 중 하나는 질병 앞에서 아무것도 할 수 없다는 무력감을 느낄 때였다. 그런데 재활 과정을 통해 '내가 CRPS의 모든 통증을 조절할 수는 없지만 노력한다면 조금은 조절해 나갈 수 있겠다.'는 생각을 가지게 되었다. 이는 질병과 싸워 내는 과정에 큰 힘이 되어 주었다.

재활 치료를 받으며 일부 환자들에게서 발견한 아쉬운 점이 있다. '지금 당장 아파 죽겠는데 주사도 약물도 아닌 사진만 보고 있으라고 하는 게 말이 되냐!'라고 하며 치료에 집중하지 못하는 모습이다. 하지만 약물, 주사, 그 외 어떤 방법으로도 치료되지 않아 아파 죽을 것 같은 것이 우리의 현 상황이고 한계라는 사실을 인정했으면 좋겠다. (그리고 부디 의료진을 믿고 재활 치료에 전심으로 임해 보시길 권하고 싶다.)

재활 치료만으로 통증이 완전히 사라지는 것은 절대 아니다. 하지만 굳어 있는 몸의 부위를 조금씩 움직이는 것은 엄청난 발전이다. 더불어 통증이 뇌의 신호와 연결되어 있다는 것을 인지하는 것이 중요하다. 환자의 생각과 의지가 질병에 얼마나 중요하게 작용하는지 깨달으면 투병생활에 큰 도움이 될 것이다.

썩은 동아줄이라도 잡을 것이 필요했던 CRPS 환자에게 병원의 체계적인 재활 치료는 하늘에서 내려온 금 동아줄이었다.

1) 좌우 식별 치료: 통증 환자들은 통증 부위의 좌우를 구분하는 능력을 상실하는 경우가 종종 있다. 따라서 사진을 이용해 좌우를 식별하는 훈련을 진행한다. 치료에 사용되는 앱(Application)을 통해 치료실 이외의 장소에서도 환자의 의지에 따라 꾸준히 진행할 수 있다. 소요시간 또한 길지 않아, 나의 경우에는 집이나 병실에서 추가적으로 시행했다.

2) 거울 치료: 거울에 비친 왼발을 오른발로 인식하는 과정이 잘 진행되면 다음 단계로 넘어간다. 왼발을 움직여 거울에 비친 왼발의 움직임을 보면서 오른발이 움직이고 있다고 뇌가 믿게 하는 것이다. 이 단계가 익숙해진 뒤에는 거울 속 왼발의 움직임을 따라 오른발을 천천히 움직이기 시작했다. 이 단계들을 거치면서 나중에는 거울이 없이도 오른발을 조금씩 자유롭게 움직일 수 있게 되었다.

천국으로 떠난 나의 버팀목

2019년 5월 4일, 모든 것을 포기하고 싶을 만큼 힘든 일이 벌어졌다. 그동안 셀 수 없을 만큼의 치료를 받고 지옥 같은 통증을 견디게 했던 이유가 세상에서 사라졌다.

나는 어린 시절 외할머니와 함께 대가족으로 살았다. 할머니는 평생에 걸쳐 나에게 무조건적인 사랑을 베풀어 주셨다. 그런 사랑을 받고 자란 나는 '세상에서 가장 소중한 사람은 외할머니!'라고 말하고 다녔다. (아빠, 엄마 미안! ㅎㅎ)

할머니는 매일 아침 식사를 마치면 약 2~3시간을 거실 소파에 앉아 기도하셨다. 항상 가만히 앉아 기도하시는 할머니에게 심심하지 않냐고 물으면 '기도할 게 얼마나 많은데 하나도 심심하지 않다.'고 웃으며 대답하셨다. 할머니는 언제나 자식들과 손주들의 이름을 한 명 한 명 불러가며 생각지도 못한 세세한 부분까지 기도하고 계셨다.

함께 동네를 다닐 때면 할머니는 동네 어르신들에게 나의 아주 사소한 모습과 행동 하나하나까지 뿌듯한 표정으로 자랑하셨다. 스스로 전혀 잘난 것이 없다고 생각하던 시기에도 할머니만큼은 나를 자랑스러워 하셨고 나의 작은 성취도 진심으로 기뻐해 주셨다. 난 할머니의 기쁨이 되고 싶은 마음에 크게 삐뚤어지지 않고 성장할 수 있었다. 일상에 지칠 때면 할머니에게 전화를 걸어 나를 사랑하고 응원하는 할머니의 목소리를 들었다. 할머니의 손을 만지작거리고 있으면 이 세상 근심 걱정은 모두 사라지는 것만 같았다. '나에겐 할머니가 있으니 무서울 게 없다.'라고 생각하며 힘든 순간을 매번 이겨낼 수 있었다.

할머니 댁에서 누워 있을 때면 할머니는 이불을 덮어 주셨고, 그대로 잠에 들었다가 일어나 보면 양쪽 손과 발에 각각 또 다른 이불이 덮여 있었다. 내가 맨발로 돌아다니면 어떻게든 내게 맞는 새 양말을 구해와 직접 신겨 주셨다. 할머니는 내가 무언가를 하지 않아도 그저 나라는 존재 자체를 사랑해 주는 사람이었다.

신앙생활을 하며 여러 굴곡이 있었지만 끝까지 교회를 떠나지 않은 여러 이유 중 하나도 바로 할머니였다. 할머니가 웃는 모습을 보고 싶었기 때문이다. 할머니는 나와 우리 가족이 열심히 하나님을 믿는다는 사실을 가장 자랑스러워 하셨다. 할머니 앞에서 미주알고주알 고민을 이야기하고 나면 할머니는 꼭 이렇게 말씀하셨다.

"하나님 잘 믿는 것이 제일이야!"

그런 할머니가 2016년 5월, 폐암 4기 판정을 받으셨다. 나는 그때 '하늘이 노랗다.'는 표현이 어떤 의미인지 깨닫게 되었다. 할머니와 함께할 시간이 얼마 남지 않았다는 생각에 어딜 가든지 눈물만 흘렸다. 그 와중에 나 또한 아프기 시작했다. 매일 같이 서로를 향해 "할머니! 세상에서 제일 많이 사랑해!", "할머니도 우리 소민이를 세상에서 제일 사랑해!"라며 애정 표현을 주고받던 우리였기에 할머니는 누구보다 나를 걱정하며 힘들어하셨다.

내가 입원해 있을 때면 할머니는 매일 같이 전화를 걸어 "그놈의 발꼬락은 어뗘?"라고 물으셨다. 그러면서 "왜 우리 착한 소민이가 그렇게 아파야 하냐."며 속상해하셨다. 내가 "조금 괜찮아졌어."라고 말하면 할머니는 "진작에 그 치료 받을 걸 괜히 애기 고생하게 했다."고 말씀하시곤 했다.

아이러니하게도 폐암 4기의 암 환자인 할머니와 CRPS 환자인 내가 쓰는 약이 비슷했기 때문에 우리는 비슷한 부작용을 함께 겪었다. 우리는 누구보다 서로의 아픔을 이해할 수 있었고, 서로를 의지하며 더 끈끈하게 연결되었다.

내가 좋아지기만 하면 더 이상 걱정할 게 없다고 말씀하시는 할머니를 위해서라도 좋아져야만 했다. 그래서 수많은 치료와 재활을 '이미 난 죽었다.'는 각오로 버티고 참아 냈다. 할머니에게 내 통증이 줄어들었다고 말하면 좋아하실 거라는 생각 때문이었다. 내가 나아지면 아픈 할머니가 한 번이라도 더 웃지 않으실까, 즐거워서 밥 한 숟가락이라도 더 잘 드시지 않을까, 간식이라도 한 번 더 챙겨 드시지 않을까, 그러면 내 곁에 하루라도 더 계실 수 있지 않을까 하는 희망 때문에 그 모든 과정을 참아 냈다. 할머니를 행복하게 해 드리고 싶었다.

그러나 폐암 4기 투병을 시작한 지 3년 만에 할머니는 천국으로 떠나셨다.

세상이 무너지는 것 같았다. 나의 전부이자 이 병을 버텨 낼 수 있는 이유였던 할머니가 돌아가시다니……. 더 이상 CRPS 통증을 견뎌낼 힘이 없었다. 마음이 무너지니 통증 또한 전혀 컨트롤되지 않고 무섭도록 솟구쳤다. 자살 충동과 자해 행위도 심해졌다.

신경계는 감정과 연관되어 있다. 그래서 신경계가 고장난 CRPS 또한 부정적인 감정을 가지면 통증이 악화된다. 할머니가 돌아가시자 나를 집어삼킬 수준의 슬픔이 계속되었고, 그만큼 통증도 심해졌다. 결국 입원 재활 치료를 통해 어렵게 줄였던 약의 수준으로는 통증을 견딜 수 없게 되었다. 재활의학과 담당 교수님께 말씀드렸더니 현재의 통증은 심리적인 원인으로 증가한 것 같다며 정신건강의학과에 협진을 요청한 뒤 입원 치료를 받게 하셨다. 자살 충동과 자해 행위가 매우 심각한 수준이었기에 그것이 일단 나를 살리기 위한 임시방편이었을 것이다.

당시의 나를 위한 변명을 하자면, 자해를 했던 이유는 자해하는 그 순간만큼은 CRPS 통증이 분산되었기 때문이다. 그 어떤 심각한 자해도 CRPS 통증에 비할 수 없었기 때문에 세상에 무서운 것이라곤 하나도 없게 되었다.

한번 심해진 통증은 단순한 심리상담과 몇 차례의 재활 치료로는 전혀 잡히지 않았다. 오히려 통증은 말도 안 되게 날뛰어 결국 응급 퇴원을 해야만 했다. 그리고 응급 퇴원을 한 바로 그날 밤, 나는 다니던 대학병원 응급실에서 케타민과 모르핀과 안정제를 맞고서야 겨우 한숨을 돌릴 수 있었다.

할머니가 바라는 모습은 이게 아닐 거라고 주위 사람들이 달래며 말했다. 하지만 이미 CRPS 통증에 지칠 대로 지쳤고, 희망이 없었던 나는 이때부터 죽음을 사모했다. 죽으면 이 통증에서 벗어날 수 있는데 굳이 버틸 이유가 없었다.

아직도 할머니가 돌아가신 5월 4일이 다가오면 아무리 스스로를 다독여 보아도 깊은 우물 같은 우울 속으로 가라앉게 된다. 할머니가 이런 모습을 바라지 않을 거라는 사실을 누구보다 잘 알기에 애써 미소를 지어 보기도 하지만 그리운 마음을 감출 수 없다. 할머니가 내게 부어 주신 사랑은 가히 형용할 수 없었고, 그 사랑에서 오는 안정감과 에너지는 너무나도 컸다. 할머니는 하나님께서 나에게 허락하신 가장 소중한 관계였다.

이제 와서 생각하면 엄마에게 정말 미안하다. 나 때문에 정작 할머니와 '엄마와 딸'의 관계였던 엄마가 제대로 슬픔을 소화해 내지 못했다는 사실 때문이다. 엄마에게 할머니의 죽음은 나보다 더 힘든, 세상이 무너지는 것 같은 순간이었을 것이다. 하지만 당장 딸이 죽겠다고 난리 치고 있으니 엄마는 나를 살리는 데만 모든 신경을 쏟아야 했다. 엄마가 마음껏 슬퍼하지도 못하게 만들어 버려 너무 죄송하다.

2022년 5월 3일, 할머니를 그리워하며
내일은 나의 사랑 외할머니가 천국 가신 지 3년째 되는 날.
글을 적을 자신도, 사진을 볼 사진도 없지만 오늘의 마음과 생각을 기록해 두고자 글을 적는다.
시간이 약이라는 말은 얼마나 더 지나면 수긍이 될까. 사람들

앞에서 울컥함을 조절할 수 있게 되었을 뿐 시간이 갈수록 더 사무치게 그립고, 보고 싶고, 아직도 할머니 생각만 하면 눈물이 펑펑 흐른다.

할머니의 폐암 판정 이후 자주 볼 거라 생각하고 사진과 동영상을 많이 찍어 뒀는데……. 차마 볼 자신이 나지 않는 알 수 없는 나의 마음.

우리 할머니처럼 예쁘고 평안하게 천국에 가는 건 하나님이 베풀어 주신 크나큰 은혜임을 너무나도 잘 알지만 보고 싶고 또 보고 싶고……. 남겨진 사람의 그리운 마음은 어쩔 수 없는 것 같다.

나에게 무조건적인 사랑이 무엇인지 알려 주고, 베풀어 주고 가신 나의 천사. 평생 닮기 위해 노력할지라도 닮을 수 없을 만큼 선한 나의 사랑 할머니.

천국에서는 얼마나 더 예쁜 모습으로 그 천사 같은 미소를 짓고 계실까. 드시는 음식마다 이렇게 맛있는 건 처음 먹어본다며 사랑스럽게 드시고 있을 모습을 떠올리며 그리움을 달랜다. 할머니가 가장 바라는 우리의 모습은 하나님 열심히 믿고, 밥 잘 먹고, 웃으며, 건강하고 즐겁게 하루하루를 사는 것이겠지?! 사랑과 정이 넘쳐났던 나의 외할머니! 아직도 미친 듯이 보고 싶고 사랑해요♥ 천국에서 만나자.

누가 저 좀 죽여 주세요

통증의 시작 부위는 오른발이었다. 나에게 오른발은 불필요한 수준을 넘어 통증만 일으키는 폭탄과도 같은 존재가 되어 버렸다. 어느 날은 담당 교수님을 붙잡고 오른발을 잘라 달라고 울며불며 사정했다. 그러자 교수님은 나를 달래며 말씀하셨다.

"오른발을 잘라서 CRPS 통증이 없어진다면 얼마든지 잘라 주고 싶어. 그런데 이 병은 발을 잘라도 환상통[1]이 생겨서 여전히 통증을 느낄 거야. 해 줄 수 있는 게 없어서 미안해."

사람이니 씻어야 했다. 그런데 물이 닿는 자극을 도저히 참을 수가 없어 면도날로 멀쩡한 피부에 상처를 냈다. 면도날에 의해 생긴 상처가 물에 닿으면 따가웠기에 CRPS 통증이 조금이나마 분산되었다. 이는 분명 자해이지만, 어떻게든 샤워를 하기 위해 터득한 한 가지 방법이었다.

사람들이 오른발을 건드릴까 봐 어디를 가든 항상 노심초사하게 되었다. 함께 외출이라도 할 때면 엄마는 나의 오른발 쪽으로 누가 다가오진 않는지에만 신경을 쓰셨다. 오른발이 땅에 닿거나 자극이 가해지면 통증이 더 심해졌기 때문에 엘보 클러치[2], 목발, 휠체어 등을 이용해야만 했다. 오른발은 발로서의 기능을 아무것도 하지 못한 채 내 몸에 달려만 있었다. 오른발은 그저 애물단지일 뿐이었다.

문제는 이런 통증이 다른 부위로 전이[3]된다는 사실이다. 통증이 심해지는데도 약을 충분히 쓰지 않고 버티자 통증 부위가 하루하루 무섭게 넓어져 갔다. 온갖 금단 증상을 겪으며 힘겹게 약을 줄였기 때문에 나는 약에 대한 두려움을 가지고 있었다. 약을 덜 쓰며 어떻게든 버티다 보면 통증이 다시 떨어질 거라 생각했는데 그것은 완벽한 오산이었다.

말 그대로 하루하루 통증이 전이되었다. 하루는 오른쪽 상체, 그다음 날은 왼쪽 상체, 그다음 날은 머리와 얼굴 부분, 그다음 날은 왼쪽 다리······. 결국 왼쪽 허벅지 앞부분을 제외한 전신에 통증이 전이되었다. 오른발만 아픈 것도 간신히 버티고 있었다. 그런데 통증이 전이되자 내 목숨은 종잇장만큼 가벼워졌다. 이 통증만 느끼지 않을 수 있다면 해결책이 죽음일지라도 수백 번 그 방법을 택하고 싶었다.

발을 사용하지 못했는데 이제는 손까지 사용하지 못하게 되었다. 밥을 먹기 위해 수저를 집으면 그 자극이 통증이 되었다. 양쪽 손에 모두 통증이 전이되자 나 혼자서는 그 어떤 것도 할 수 없었다. 특히 머리 부분의 통증은 최악이었다. 눈을 깜빡일 때마다 통증이 느껴졌다. 음식물을 씹거나 말을 하기 위해 입을 움직이면 그것 또한 통증이 되었다. 고개를 조금 돌리기만 해도 통증이 밀려왔다.

아무것도 하지 않더라도 살기 위해 약은 먹어야만 했다. 약을 먹기 위해 손을 움직이고 물을 마시는 일련의 과정 자체가 지옥이 되었다. 손가락 끝까지 통증이 번져서 스스로 약을 집는 것조차 눈물을 흘려 가며 견뎌야 하는 일이 되었다.

이때는 자살조차 할 수 없었다. 그 어떤 것도 손으로 만질 수 없으니 간절히 죽고 싶어도 죽을 수 없었다. 살아서 숨쉬고 있는 내 존재 자체가 너무 싫었다.

누군가는 나에게 젊으니까 이겨 낼 수 있다고 말했지만, 나에게는 살날이 너무 많이 남아 있다는 게 문제였다. 평균 기대 수명이 80세라고 생각했을 때 이 상태로 50년을 더 버티며 살아갈 자신이 없었다. 가만히 나의 상태를 살펴보니 더 이상 가망이 없었다. 좋아질 거라는 막연한 위로는 산산이 부서져 허공에 흩어졌다.

내가 할 수 있는 일이라곤 핸드폰으로 119라는 3개의 숫자를 간신히 누른 뒤 응급실에 실려 가 주사를 맞고 오는 것, 그리고 마우스피스를 물고 버티는 것밖에 없었다. 전신에 퍼진 통증은 스스로 죽을 수도 없게 만들어 나를 끝없는 지옥의 구렁텅이에 빠뜨렸다.

CRPS 분야의 대가라고 알려진 교수님은 내 상태를 보시고는 "CRPS 통증이 전신으로 번지기 시작하면 그 누구도 해 줄 수 있는 것이 없다."고 말씀하셨다. 이미 손쓸 수 없는 상태에 접어든 것 같다고 안타까워하시면서 말이다. 하지만 나의 담당 교수님은 "통증이 극으로 치닫는 상황이 지속되면 일시적으로 다른 부위에 번질 수 있으니 너무 걱정하지 말자."며 다독여 주셨다.

그렇게 몇 달간 병원에서 매일 같이 주사를 맞으며 하루하루, 아니 매시간 매분 매초를 버티고 또 버텼다. 하루살이처럼 그날 하루가 나의 마지막 날이라고 생각하며 버텼다. 먼 미래를 바라보기에는 흐릿한 빛조차 보이지 않았고, 절망만이 나를 사로잡고 있었다.

또다시 맞을 수 있는 모든 주사를 최대 용량, 최대 횟수로 맞아가며 통증을 잡는 데만 집중했다. 부작용 같은 것은 신경 쓸 겨를도 없었다. 인간이란 얼마나 나약하고 우스운 존재인지……. 전신으로 통증이 번지자 오른발만 아프던 때가 그리웠다. '오른발만 아파도 버티고 살 수 있지 않을까.'라는 생각을 하며 이전의 상태로 돌아가기만을 간절히 바랐다. 다행히도 몇 달이 지난 뒤 통증 부위는 다시 오른발로 좁혀졌다.

CRPS는 통증과 관련된 신경 신호 시스템이 고장난 상태라고 할 수 있다. 그래서 종이에 손을 베는 것과 같은 아주 가벼운 일로도 통증 전이의 가능성이 있다. 통증 전이를 경험한 후 나는 매일 살얼음판 위를 걷는 것처럼 조심조심 살아가야 했다. 단 하루도 몸과 마음 모두 편하게 쉴 수 있는 날이 없었다. 아프기 전에는 실없이 웃고 다닌다는 말을 들을 만큼 웃음이 많았지만 하루에 한 번도 웃지 못하며 지내는 날들이 잦아졌다. 이러다 웃는 법을 잊어버릴까 봐 억지로 입꼬리를 올려 미소 짓는 표정을 만들어 본 적도 여러 번 있었다.

CRPS 환자가 힘든 것 중 하나는 약을 먹고 주사를 맞는 등의 치료 과정이 힘들어도 절대 멈출 수 없다는 사실이다. 치료를 중단하면 통증을 버티는 것에서 끝나는 것이 아니라 통증이 다른 부위까지 전이되기 때문이다.

전신으로 통증이 번졌던 최악의 경험을 한 뒤로 나는 절대로 무리해서 약을 줄이거나 급격하게 활동을 늘리지 않는다. 실제로 어느 정도 일상생활이 가능할 만큼 회복된 시기마저, 체력적으로 무리하거나 약을 임의로 줄이면 통증이 다른 부위로 전이되는 무서운 상황이 또다시 나타나기도 했다. CRPS는 참는 것만이 정답이 아니라 뇌가 통증을 계속해서 잊을 수 있게 해 주는 것 또한 치료의 일환임을 깨닫게 되었다.

―

1) 환상통: 절단된 부위에서 느끼는 통증

2) 엘보 클러치(elbow clutch): 목발의 한 종류이다. 우리가 흔히 생각하는 어깨에 끼우는 형태가 아니라 팔꿈치를 기대어 사용할 수 있는 목발이다. 나는 언제나 엘보 클러치와 한몸을 이루어 지팡이처럼 짚으며 다녔다.

3) 전이: 원발 부위(기존 통증 부위)로부터 다른 조직으로 통증이 퍼져 나가는 것

사라진 혈관

 1년이 넘는 시간 동안 주사를 수없이 맞다 보니, 더 이상 주삿바늘을 꽂을 혈관이 남아 있지 않았다. 일주일에 적어도 4일 이상은 혈관 주사를 맞아야만 했다. 혈관이 잘 잡히지 않는 날에는 하루에 10번 이상 주삿바늘을 찌르기도 했다. 혈관은 점차 약해져서 약물을 1mg만 넣어도 터지기 시작했다.

 기약 없이 계속해서 주사 치료를 받아야 하는 상황 속에서 결국 2019년 10월, 나는 왼팔에 PICC(말초 삽입형 중심 정맥 카테터)[1]를 삽입하게 되었다.

 몸 밖으로 관이 나와 있다 보니 항상 극도로 감염을 조심해야 했다. 관에 물이 닿으면 안 되기 때문에 씻을 때마다 방수 팔토시를 사용했다. 일주일에 최소한 한 번 이상은 꼭 소독을 받았다.

관이 삽입된 부위를 매주 강한 소독액으로 소독하고 의료용 테이프로 고정해 놓다 보니 해당 부위에 알레르기가 발생했다. 이로 인해 피부에는 빨갛게 두드러기가 올라와서 매우 따갑고 가려웠다. 하지만 이번에도 참아야 했다.

PICC를 삽입한 혈관에 문제가 생기면 안 되기 때문에 500ml 생수병을 드는 것도 조심하라는 주의를 받았다. 하지만 아무리 주의를 기울이며 생활한다 해도 중간중간 감염이나 혈전[2] 등의 문제가 발생했다. 여러 불편함이 있었지만 나의 목적은 오직 'CRPS 통증 감소'였다. 그렇기에 PICC로 인한 불편은 치료 과정 중의 일부라고 생각하며 감사함으로 감내했다.

왼팔에 삽입한 PICC를 사용한 지 6개월 정도 되었을 무렵 문제가 발생했다. 새벽에 통증으로 몸부림치다 PICC 관이 1/3 정도 빠져 버렸다. 결국 기존의 관을 사용할 수 없게 되어 오른쪽 팔에 새로운 PICC를 삽입하기로 했다.

오른팔은 엘보 클러치를 짚고 다니는 쪽이라 왼팔보다 위험했다. 엘보 클러치를 짚을 때마다 힘이 들어가기 때문에 혈관이 터질 확률이 더 크기 때문이다. 하지만 왼팔에는 이미 PICC를 삽입할 수 있는 혈관이 없었고 기타 다른 부위도 상황은 마찬가지였기 때문에 다른 방법이 없었다. 그렇게 오른팔에 PICC를 삽입하고 생활하던 중 가장 우려했던 감염 문제가 발생하고 말았다. 패혈증 위기까지 온 심각한 상황이었다. PICC 관은 심장까지 연결되어 있어 감염되는 순간 위급 상황에 빠지게 된다. 나는 결국 응급실로 이송되어 치료받게 되었다.

약물 투입을 하기 위한 혈관이 필요했다. 삽입해 놓은 PICC는 감염되어 사용할 수 없으니 또다시 새로운 혈관을 잡아야 했다. 나는 응급실 침대에 누워 있었고, 간호사 선생님들은 번갈아 가며 머리부터 발끝까지 혈관을 잡을 수 있을 만한 곳마다 바늘을 찔렀다.

연락을 받은 아빠가 응급실로 달려오셨다. 우리 부모님은 모든 교수님이 인정한 최고의 보호자이다. 특히 아빠는 희망이라곤 없는 투병 과정 속에서 가족이 모두 무너지고 불안해할 때마다 어떤 흔들림도 없이 중심을 잡아 주셨다.

그런데 그런 아빠가 무너졌다. 혈관을 찾다 실패한 부위는 알코올 솜으로 묶여 있고, 그나마도 일부는 아직 처치가 이루어지지 않아 피가 흘러나오는 채로 누워 있는 딸을 본 아빠는 갑자기 어지러움을 호소하며 정신을 잃었다.

기대고 있던 커다란 나무가 쓰러진 느낌이었다. 아직 혈관을 못 잡았으니 움직이면 안 된다고 나를 만류하는 의료진을 뿌리쳤다. CRPS 통증으로 마음대로 움직일 수조차 없었지만 쓰러져 있는 아빠를 간호사 선생님들께 맡기고 휠체어로 접수 창구까지 달려갔다.

다행히 일시적인 현상이었지만 내내 무너져 내리는 마음을 억누르며 지냈던 아빠가 자신이 버틸 수 있는 한계를 넘어선 것 같았다. 말로 다 할 수 없는 속상함이 밀려왔다.

아빠는 정신이 없는 와중에도 울며 나에게 읊조리듯 말했다.

"소민아, 어떡하니……. 네가 너무 안쓰러워. 그래도 잘 이겨 내야 해. 포기하지 말아 줘."

그날의 사건 이후 '나라는 존재가 가족들에게 상처만 주고 폐만 끼치는 건 아닐까.'라는 생각을 오래도록 지울 수 없었다.

왼팔에 7개월, 오른팔에 1년 4개월. 약 2년 동안 PICC를 삽입한 채 지냈다. 감사하게도 주사 치료 주기가 조금씩 늘어나고, 장기간 혈관을 사용하지 않아 혈관이 회복되었을 것이라는 판단하에 2021년 9월 16일, PICC를 제거했다.

매주 소독을 받아야 하고 감염 위험이 언제나 도사리고 있었지만 개인적으로는 편리함이 더 많았던 PICC였다. 하지만 눈에 보이는 관이 항상 드러나 있다 보니 엄마는 그것을 볼 때마다 마음 아파하셨다. 내 팔을 본 사람들도 깜짝 놀라며 아프지 않냐고 걱정했다.

그때마다 든 생각은 이것이었다. '차라리 CRPS도 이렇게 겉으로 드러나는 질병이면 좋겠다.' 내가 겪는 통증에 비하면 얇은 관 하나 심고 생활하는 것은 귀찮은 정도일 뿐이었다. 그런데 나를 죽고 싶게 만드는 '통증'은 눈에 보이지 않는 것이기에 사람들의 진심 어린 공감조차 받기 어려웠다.

―

1) PICC(말초 삽입형 중심 정맥 카테터): 팔꿈치와 어깨 사이에 있는 정맥을 통해 심장의 두꺼운 혈관까지 연결되는 관. 부분마취 후, 40~50cm의 관을 삽입하게 된다.

2) 혈전: 혈관 속에서 피가 굳어진 덩어리. 혈전이 발생하면 PICC를 제거해야 하는 상황까지 발생할 수 있기 때문에 때에 따라 혈전을 녹이는 약물을 사용했다.

서른 살, 몸속에 기계를 넣다

증상이 심각한 CRPS 환자의 경우 몸속에 기계를 넣어 통증을 조절한다는 이야기를 들었다. 이를 들었을 때 '나는 절대로 몸속에 기계를 넣지 않을 거야.' 라고 다짐했었다. 기계를 넣고 나면 평생 통증 환자라는 낙인이 찍힌 채 돌아올 수 없는 강을 건너 버리는 것만 같았다. 열심히 치료받으면 기계를 삽입하는 수준까지 악화되지 않고, 호전될 수 있을 거라는 믿음으로 투병에 임했다.

결론적으로 모든 것은 나의 욕심이었다. 모르핀을 맞아도 통증이 잡히는 시간은 너무 짧았고 모르핀을 맞지 않는 날에는 기절해서 응급실에 실려 가는 일이 일상이 되어 버렸다.

그 당시 마취통증의학과 담당 교수님이 해외 연수를 가신 상황이라 신경외과에서 CRPS를 담당하시는 교수님께 진료를 보게 되었다.

교수님은 나의 상태를 보자마자 물어보셨다.

"매일 죽고 싶지 않아?"

나는 대답했다.

"네, 너무나도요! 도저히 살 수가 없어요."

그리고 CRPS 환자라면 누구나 이 정도의 통증은 참고 살아야 하는 줄 알았다고 말씀드렸다. 나의 이야기를 들으신 교수님은 'CRPS 환자 중에서도 증상이 매우 심각한 상태'라는 진단을 내리셨다.

교수님은 하루라도 빨리 수술을 해야 하는 상황이라며 자신의 일정을 조절하시면서까지 수술 날짜를 잡아 주셨다. 문제는 나의 통증 상태가 너무 심각해서 CRPS 환자들이 주로 시행하는 척수자극기[1] 삽입 수술은 실패할 가능성이 크다는 것이었다. 하지만 사람이 살아갈 수 없는 상태라는 교수님의 판단에 따라 뇌심부 자극술[2]까지 염두에 두고 입원을 하기로 했다.

결국 아프기 시작한 지 2년이 채 되지 않아 나는 몸에 척수자극기라는 기계를 삽입하기로 결정했다. 이를 위해 총 세 번의 전신마취수술을 진행하게 되었다.

- 척수막 위에 전극판을 삽입하는 수술(2020년 4월 23일)
- 유착된 신경을 풀어 주는 궁둥 신경 감압술(2020년 4월 27일)
- 척수자극기 배터리 삽입 및 전극판과 배터리를 전선으로 이어 주는 수술(2020년 5월 4일)

첫 번째 수술은 척수막 위에 전극판[3]을 삽입하는 것이었다. 척수자극기가 나의 통증을 잡아 줄 수 있는지 확인하기 위한 첫 번째 관문이었다.

전극판을 삽입하는 수술은 복잡하고도 어려웠다. 먼저 등을 10cm 이상 절개해야 했다. 그다음으로는 척추뼈를 부수고, 척수막 위에 전극판을 올려놓는 과정이 이어졌다. 척수 바로 위에 전극판을 삽입해야 하다 보니 하반신 마비의 위험이 존재했다. 수술 시간도 길었고, 회복하는 데 몇 달이나 걸리는 대수술이었다.

무사히 첫 번째 수술을 마치고 몸이 조금 회복되자마자 4일 만에 두 번째 수술을 진행했다. 이 수술은 엉덩이 부분의 유착된 신경을 풀어 주는 궁둥 신경 감압술[4]이었다. 여러 검사 끝에 통증 부위인 오른발과 연결된 신경이 유착되어 있다는 결과가 나왔다. 교수님은 이것 또한 통증 증가의 원인일 수 있으니 수술을 진행하자고 하셨다. 엉덩이 부분을 약 10cm가량 절개하고 또다시 장시간에 걸쳐 수술을 받았다.

전신마취 수술을, 그것도 등과 엉덩이를 각각 10cm 이상 절개하는 수술을 연달아 받다 보니 체력적으로 굉장히 지치고 힘들었다. 이미 장기간의 투병생활을 해 왔던 터라 몸 상태는 더욱이 좋지 않았다. 시간이 지날수록 혈액 수치 또한 나빠지기 시작했다. 부가적인 주사 등을 통해 억지로 마지막 수술을 받을 수 있는 최소한의 몸 상태를 만들어 나갔다.

　감사하게도 테스트 기간[5] 동안 척수자극기가 통증 완화에 도움이 된다고 판단되어 수술 날짜가 결정되었다. 마지막 수술 날, 왼쪽 배를 약 7cm 정도 절개하여 척수자극기 배터리[6]를 삽입했다. 동시에 첫 번째 수술에서 삽입한 전극판과 배터리를 60cm 길이의 전선으로 이어 주는 수술까지 같이 진행되었다. 등에서 배까지 이어지는 전선을 연결하기 위해 옆구리를 5cm가량 또 절개해야 했다.

　마지막 세 번째 수술 일자는 내게 특별했다. 나에게 무조건적인 사랑을 베풀어 주신 외할머니의 첫 번째 기일이었기 때문이다. 외할머니의 1주기에 꼼짝없이 병원 침대에 누워 움직이지도 못한 채 하늘만 보고 있어야 해서 서글펐다. 하지만 이 수술은 천국에 있는 할머니가 내게 내려 준 선물이라 생각하며 잠시 감사 기도를 했다.

사실 그 당시의 나는 수술이 하나도 무섭지 않았다. 오히려 수술을 여러 차례, 그리고 길게 할수록 좋았다. 왜냐하면 전신마취를 한 그 시간만큼은 통증을 느끼지 않아도 되고, 깨어나면 수술 시간만큼 시간이 흘러가 있다는 사실이 좋았기 때문이다. 얼마나 통증이 심하고 지쳐 있었으면 그런 생각까지 했나 싶다. 수술 후 마취에서 깨어났을 때도 절개한 수술 부위보다 CRPS 통증이 더 아팠다.

복잡하고 위험한 수술을 연달아 세 번이나 받아야 하는 딸을 걱정하는 부모님께 이렇게 말했었다.

"나는 어차피 마취되어 있으니 힘든 것도 느끼지 못해. 오히려 힘든 분은 나를 수술하시는 교수님이니 교수님을 위해 기도해 줘."

많은 사람들이 수술에 두려움을 느끼지만 나는 이 세상에서 'CRPS 통증'보다 무서운 것은 없었다. 수술의 난이도나 부작용은 전혀 중요하지 않았다.

또한 나를 담당하셨던 신경외과 교수님은 투병 기간 동안 만나본 모든 의료진을 통틀어 가장 세심한 분이었다. 실력은 기본이고, 환자의 증상 호전을 위한 열의로 가득찬 분이었기에 교수님을 믿고 수술실에 들어갈 수 있었다.

그럼에도 불구하고 여러 가능성에 대해 생각해 보지 않은 것은 아니었다. 혹시라도 수술이 잘못되었을 경우를 대비했다. 핸드폰에 유서를 써 두고, 지인에게 핸드폰 비밀번호를 공유해 두었다. CRPS 환자는 평상시에도 마약성 진통제와 향정신성 의약품을 많이 투여하고 있는 상태라 마취 과정에서 깨어나지 못할 확률이 높다는 문제 또한 있었기 때문이다.

하지만 더 이상 나에게는 선택지가 없었다. 몸속에 기계를 넣는 것 외에 CRPS 환자가 받을 수 있는 치료는 모조리 받은 상태였다. 그럼에도 일상생활은커녕 인간의 존엄성마저 포기해야 하는 수준에 이르렀기 때문에 그토록 거부하고 싶었던 상황을 현실로 받아들여야 했다.

긍정적인 생각만을 하려고 애썼지만 병실 침대에서 꼼짝하지 못하고 누워 있어야 하는 현실이 괴로웠다. 통증이 극적으로 완화될 것이라는 희망을 품고 세 번의 전신마취 수술을 감행했지만 통증은 여전히 심하고 회복 또한 느려 하루하루가 너무 힘들었다. 왜 나는 맨날 버텨야만 하는 것인지 서러웠다.

그래도 좋은 날이 올 거라고 스스로를 계속해서 다독였다. '내가 믿는 하나님은 전지전능하시고 언제나 나를 최고의 길로 이끌어 주시는 분이니까…… 나는 아직 그 뜻을 알지 못할 뿐이야.'라고 되뇌며 매순간을 버텨 나갔다.

수술 후에도 전극판을 고정시키기 위해 꼬박 석 달간 복대를 차고 일자로 누워 생활해야만 했다. 등, 옆구리, 왼쪽 배, 오른쪽 엉덩이 부분을 칼로 절개하여 수술했기 때문에 여러모로 많이 힘들었다. 몸안에 전류가 흐르는 기계가 있기 때문에 회복 후 일상생활 속에서도 항상 조심해야 했다. 척수자극기를 제거한 지금도 수술 부위에는 흉터가 심하게 남아 있고 때때로 염증이 생겨 지속적인 관리가 필요하다. 하지만 척수자극기는 모든 어려움도 감사로 고백할 만큼 '회복의 첫 발자국'이 된 생명의 은인이다.

―

1) 척수자극기: 척수에 전기 자극을 주어 뇌로 전달되는 통증 신호가 억제되도록 하는 기계. 전극판 + 배터리 + 전선으로 구성되어 있고, 몸속에 24시간 전류가 흐르도록 한다.

2) 뇌심부 자극술: 척수자극기가 전극판을 척수막 위에 올려놓는 것이라면, 이 수술은 뇌의 통증을 조절하는 부위에 직접 전극판을 심는 수술이다. 머리를 열어 수술해야 하고 수술 효과 또한 보장할 수 없어 극히 드물게 시행된다.

3) 전극판: 4.6cm X 1.1cm 크기의 전극판을 몸속에 삽입했다. 척수자극기의 종류는 전극핀과 전극판으로 나뉜다. 전극핀 삽입은 마취통증의학과에서 진행하는 시술이고, 전극판 삽입은 신경외과에서 진행하는 수술이라는 차이점이 있다. 전극핀은 개복하지 않고 부분마취 후 진행하는 시술이라 수술 후 회복이 빠르다는 장점이 있다. 하지만 고정이 완벽하게 되지 않을 가능성이 전극판보다 높고 통증을 잡아 주는 범위가 제한적이다. 수술할 당시 나는 이러한 정보를 전혀 모르는 상태였다. 너무 아팠기 때문에 전극핀과 전극판의 차이점 같은 것은 알아볼 겨를조차 없었다. 그런데 전극핀이 아닌 전극판으로 수술을 받게 된 것은 나에게 허락된 최고의 기회 중 하나였다고 말할 수 있다.

4) 신경 감압술: 신경이 지나가는 관이 유착되었거나 좁아졌을 때 그것을 넓혀 주는 수술

5) 테스트 기간: 척수 자극기를 몸에 영구적으로 삽입하기 전에 7일 정도 테스트 기간을 가진다. 이 기간 동안 척수자극기가 환자의 통증 경감에 얼마나 작용하는지 확인한다. 만약 효과가 없다고 판단되면 삽입해 놓은 전극판 또는 전극핀을 제거하고 퇴원하게 된다. 나는 이 테스트 기간 동안 효과가 나타나지 않을 경우 뇌심부 자극술을 시행해야 하는 상황이었다.

6) 척수자극기 배터리: 4.8cm X 5.3cm X 1.1cm 크기의 배터리이다. 척수자극기는 기계이다 보니 일주일에 1~2회 정도 충전이 필요하다. 배터리는 피하지방에 삽입되어 있어, 배 위에 충전기를 올려 두면 피부를 통과하여 충전된다.

나무는 추위와 암흑을 　　　　　　버려 낸다

젊은 CRPS 환자의 종착지

아프기 시작할 당시, 28살이었던 나에게 사람들은 말했다.
"젊으니까 이겨 낼 수 있을 거야."
막상 CRPS 투병을 시작하고 보니 젊은 것이 문제였다.

CRPS는 환자의 자살률이 굉장히 높은 질병이다. 통계 수치로 발표된 자료를 두 눈으로 보았지만 믿고 싶지 않았다. 하지만 지난 6년간 투병하면서 그 수치가 거짓이 아님을 체감할 수 있었다. 20~30대 젊은 환우들의 경우, 지금 내 곁에 남은 이들보다 세상을 떠난 이들의 숫자가 더 많다.

병원에서 의료진분들을 만날 때마다 "선생님, CRPS 환자 중에 좋아진 경우가 있나요? 좋아진다면 도대체 얼마만큼 좋아질 수 있는 거예요?"라고 애타게 물어보았다. 그럴 때마다 나를 안쓰러워하는 표정과 함께 막연한 응원이 돌아왔다.

"소민이는 긍정적이니까 좋아질 수 있을 거야."

앞으로의 내 삶에 희망이 없다는 사실이 너무 무섭고 힘들었다. 지금 당장 통증 때문에 숨쉬기도 버거운데, 기약 없는 싸움을 해야 한다는 현실이 남은 한 줌의 희망마저 앗아갔다. 더 이상 심해질 수 없을 거라고 생각했던 통증은 시간이 지날수록 상상을 뛰어넘을 만큼 악화되어 갔다. 이제 겨우 20대인데 끝없이 악화되는 통증 가운데 남은 삶을 사는 것은 불가능해 보였다.

그 어떤 치료도 이 지옥에서 벗어나게 할 수 없다는 현실을 깨닫고 받아들여야 했다. 그 결과 '자살'은 CRPS 환자인 내가 꿈꿀 수 있는 최종 종착지였다.

함께 투병하던 7년 차 CRPS 환우가 세상을 떠났다. 같은 종교를 가지고 있어 서로 기도로 응원하며 투병생활을 이어갔었기에 마음이 정말 아팠다.

그가 떠난 시기는 초겨울이었다. 부고 소식을 듣는 동시에 내 머릿속에 떠오른 생각은 '그래도 한겨울이 오기 전에 떠나서 다행인가.'였다. CRPS 환자들에게는 통증이 더욱 심해지는 여름과 겨울이 가장 힘들기 때문이다. 그런 생각을 하는 나 자신이 괴물처럼 느껴졌다. 나의 이런 생각을 들은 다른 CRPS 환우가 "언니는 그 사람을 진심으로 생각했으니 그런 생각을 한 거예요."라고 말하며 다독여 주었다. 이 얼마나 잔인한 병인가……

함께 힘내자고 서로를 독려해 주던 여러 젊은 CRPS 환우들이 죽음을 택했다. 살아가야 할 날들이 많은 그들의 앞길에 흐릿한 빛조차 보이지 않았기 때문일 것이다.

문제는 그들이 떠나간 자리였다. 7년간 지극정성으로 간병했던 아들이 먼저 떠나 버리자, 남겨진 가족들은 일상을 이어 가지 못했다. 그의 어머니는 몇 번이나 본인의 삶을 스스로 멈추려는 시도를 하셨다. 그리고 통증에 지쳐 언제라도 떠날 준비가 되어 있었던 나에게 남겨진 가족들을 생각해서 절대로 그런 선택을 하지 말아 달라고 부탁하셨다. 이제 그만 이 상황에서 벗어나고 싶다는 생각이 사무칠 때마다 그 어머니의 애타는 부탁을 떠올리며 힘겹게 참아 내곤 했다.

통증을 끝내는 방법이 오직 죽어서 이 세상을 떠나는 것밖에 없다는 결론에 이를 때마다 나는 항상 두 가지의 상황을 떠올렸다. '내가 세상을 떠난 후 남겨진 가족들이 처할' 상황과 '아프더라도 살아서 가족과 함께하는' 상황이다. 잔인한 선택지였지만 대부분의 경우 결국 후자를 선택했다. 가족들에게 측량할 수 없는 깊은 슬픔을 주지 않기 위해서였다.

내가 죽는 순간 우리 가족은 완전히 무너져 내릴 것만 같았다. 가족은 최악의 통증 속에서 하루하루를 버텨 내는 이유가 되었다. 내가 사는 것이 가족들을 위한 것이라고 스스로 합리화하며 가족들에게 모든 화살을 돌렸다. 통증에 지쳐 악에 받칠 때면 나의 목숨을 가지고 부모님을 협박했다.

"내가 버티고 사는 건 아빠 엄마를 위한 거야. 그러니 나한테 잘해. 난 죽고 싶다고!"

지난 몇 년간 교회에 가면 제일 먼저 하는 일이 있었다. 바로 주보의 '영원한 안식' 부분을 살피는 것이다. 천국으로 떠난 분의 성함과 연령 등을 보며 그중 젊은 사람은 없는지 매주 확인해 보았다. 내 이름이 곧 그곳에 적힐 것 같다는 확신이 들었기 때문이다. 그곳에 내 이름이 적힌 장면을 떠올리며, '영원한 안식'에 들어갈 날을 언제로 할지 수도 없이 고민했다.

하나님께서 나의 존재를 잊지 않으셨다면 이제 그만 데려가 주시기를 간절히 바라며 눈물로 기도했다. 하나님께서 데려가 주시지 않는다면 나는 내 손으로 직접 삶을 멈추어야만 했다. 성경 속에서 자살한 인물들을 찾아보기도 했다. 기독교인은 자살하면 안 된다고 듣고 배웠지만, 나는 이미 지옥을 경험하고 있으니 만에 하나 자살하더라도 하나님은 이해해 주셔야 한다고 생각했다.

　죽는 것은 단 1%도 무섭지 않았다. 100% 성공할 수 있다면 말이다. 무서운 것은 자살 시도가 계획대로 성공하지 못했을 경우 지금보다 더 나빠진 상태로 살아가야 할 수도 있다는 것이었다.

　실제로 한 젊은 CRPS 환우가 자살 시도를 하다 식물인간이 된 사례가 있었다. 나도 그처럼 뇌를 다친다면 통증을 자제하지 못해 괴물처럼 행동할 수 있겠다는 생각이 들었다. 가족들에게 그런 형벌까지 줄 수는 없었다. 애매한 시도로 지금보다 더한 최악의 상황을 만들 수는 없었다. 나는 완벽한 죽음을 달성하기 위해 머릿속으로 수백 번, 수천 번 시뮬레이션을 해 보았다.

　나의 삶을 송두리째 앗아간 이 통증을 멈출 수만 있다면, 인간의 존엄성마저 앗아간 이 통증을 멈출 수만 있다면……. 전신이 불에 타서 죽는 방법이라도 즐겁게 받아들일 수 있었다. 손가락 하나하나, 발가락 하나하나 천천히 잘라 내고 전신을 토막 내어 과다출혈로 죽는 방법일지라도! 이 통증을 영원히 끝낼 수만 있다면 그 어떤 것도 두렵지 않았다.

　이 세상에서 가장 무서운 사람은 더 이상 잃을 것이 없는 사람이다. 하지만 그런 사람조차 마지막까지 보전하고 싶은 것이 있다면 바로 자신의 목숨일 것이다. 사람이 극한 상황에 처하면 으레 '제발 목숨만은 살려 주세요.'라고 애원하지 않던가. 그러나 CRPS

환자들은 그렇게 소중한 목숨을 스스로 포기하고 싶은 상황 속에서 매일을 연명해 나가고 있다.

CRPS 환우가 한동안 연락이 닿지 않으면 그 사이 죽음을 택한 것은 아닐까 걱정하게 된다. 슬프게도 이런 걱정이 현실이 되는 상황은 계속해서 발생했다. 교수님들 역시 CRPS 환자가 진료 예약일에 오지 않으면 '혹시……' 하는 마음으로 환자의 이름을 진료 차트에서 검색해 보신다고 한다. 치료를 받다 죽는 것도 아닌, 죽음만이 치료법이 되는 질병이 이 세상에 존재하고 있다.

하지만 만약 지금 이 책을 읽고 있는 CRPS 환자가 있다면 죽음이 유일한 선택지가 아님을 분명하게 말해 주고 싶다.

딸을 살리기 위한 엄마의 퇴직

엄마는 초등학교 선생님이셨다. 교사라는 직업을 사명으로 여기며 아이들을 진심으로 사랑하셨다. 퇴근하고서도 아이들의 예쁜 모습을 이야기하시며 소녀같이 행복한 표정을 지으시곤 했다. 그런데 나의 이 병이 엄마의 소중한 직업마저 앗아가 버렸다.

처음 CRPS에 걸렸다는 이야기를 들었을 때는 그 생소함에 심각성을 인지하지 못하고 있었다. 나는 물론 가족 모두가 '암도 아니고, 치료받으면 금방 회복되겠지.'라는 안일한 생각을 하고 있었다.

그러나 우리의 이러한 생각을 비웃기라도 하는 듯 증상은 무섭도록 악화되었다. 딸의 상황을 바로 곁에서 지켜보던 엄마는 다 표현할 수 없을 만큼 힘들어하셨다. 내가 아프기 시작한 후 엄마는 기도 수첩에 기도문을 쓰기 시작하셨는데, 족히 두꺼운 책 한 권은 될 분량의 기도 수첩에는 엄마의 절절한 마음이 고스란히 담겨 있다.

하나님,
살아계신 하나님!
언제까지입니까? 언제까지입니까?
끝이 옵니까? 이 아픔이.
_ 2019년 3월 20일

하나님,
오늘도 소민이 분당서울대병원 진료. 성모병원 응급실.
어찌하나요?
하나님 제발 도와주세요.
하나님 저 좀 살려 주세요.
_2019년 5월 16일

주변 사람들은 엄마를 향해 "당장 퇴직하고 딸을 돌봐야지 지금 일을 하는 게 맞냐."는 말을 너무나도 쉽게 내뱉었다. 엄마 역시도 늘 "지금은 내가 일할 때가 아니라 소민이를 돌봐야 할 때다."

라고 말씀하셨다.

하지만 그런 말을 들을 때마다 정말 속상했다. 평생 자식들을 위해 살아왔고, 가족을 위해 희생만 해 온 엄마였다. 나는 이미 성인이었고, 아프다는 이유로 엄마의 일상을 빼앗고 싶지 않았다. 그것은 너무 가혹한 일이다. 더구나 감사하게도 아빠가 언제든 병원에 동행해 줄 수 있는 상황이었기 때문에 엄마의 퇴직은 그 누구보다 내가 원치 않았다.

그러나 날이 갈수록 밤새 통증에 시달려 잠을 못 자거나 응급실에 실려 가는 일상이 반복되었다. 엄마는 그런 나를 간병하다 한숨도 자지 못한 채 학교에 출근하시곤 했다. 나의 앞에서는 힘든 내색을 하지 않으셨지만 엄마의 출퇴근길은 육체적으로나 심적으로나 고통의 시간이었을 것이다. 바삐 걷고 뛰는 사람들의 발을 볼 때마다, 발가락을 드러낸 맨발로 샌들을 신고 다니는 내 또래의 아가씨들을 볼 때마다 엄마는 속절없이 흐르는 눈물을 참을 수 없었다고 한다. 결국 척수자극기 삽입을 위해 병실 침대에 누워 있는 딸을 본 엄마는 퇴직 신청을 하셨고, 2020년 8월 31일 자로 명예퇴직하셨다.

정년퇴직을 꿈꾸며 행복하게 교사 생활을 하시던 엄마가 '딸이 건강을 되찾는 것보다 중요한 것은 없다.'는 결론을 내리신 것이다.

엄마는 최근에야 말씀하셨다.

"교감 선생님으로부터 명예퇴직이 결정되었다는 이야기를 들은 날, 퇴근길 내내 눈물이 멈추지 않았어."

엄마가 살면서 유일하게 바란 것이 있다면 '자식들이 건강하게 자라는 것'이었다. 똑똑하고 잘나고 뛰어난 사람보다 영과 육이 강건한 사람으로 성장하길 기도하며 우리 남매를 키우셨다. 그런데 내가 아프기 시작하자 엄마는 자신이 인생에서 이룬 것이 하나도 없다는 생각이 들어 좌절감이 몰려왔다고 하셨다.

엄마는 소위 말하는 워킹맘이었지만 아무 부족함 없이 나와 동생을 키워 주셨다. 학창 시절에 하교하여 집에 돌아오면 매일 엄마가 직접 만든 다양한 간식이 준비되어 있었다. 성인이 되어서도 식탁 의자에 앉아 숟가락질만 해도 될 만큼 하나부터 열까지 필요한 모든 것을 챙겨 주셨다. 매일 새벽, 아무리 피곤해도 자식을 위해 예배의 자리에 나가셨다. 그렇게 모든 정성을 다해 그야말로 온실 속 화초처럼 키운 딸이 통증에 지쳐, 매일 죽고 싶다며 악을 질러 대고 있으니……. 엄마의 얼굴에서 웃음이 점차 사라졌다.

사실 가장 힘들고 잔인한 시간을 보내고 있는 사람은 CRPS 환자가 아닌 'CRPS 환자를 24시간 내내 지켜봐야 하는 가족'일 것이다. 환자는 아프다는 이유만으로 모든 것을 이해받고 배려받지만 보호자는 그렇지 않다. 환자 이상으로 마음이 무너지고 힘들지만 환자 앞에서는 아무런 내색조차 할 수 없다.

 부모님은 나를 간병하며 가장 힘들었던 것이 자식이 아픈데 아무것도 해 줄 수 없다는 '무력감'을 느낄 때였다고 말씀하셨다. 하지만 환자는 보호자가 곁에 있다는 사실만으로도 큰 힘을 얻는다. 무엇인가를 해 주는 것은 의료진이면 충분하다. 그럼에도 부모님의 사랑은 상상할 수 있는 크기 이상이었다.

 투병의 현실은 가혹했다. 어려움을 나누면 절반이 되는 것이 아니라 각자에게 100의 무게가 지워졌다. 엄마는 24시간 내내 나의 곁을 지키면서 나와 똑같은 무게를 짊어지고 생활하셨다. 모든 시간을 함께하며 엄마가 느낀 가장 큰 문제는 식사였다. 건강한 사람에게도 식사가 중요한 법인데 나는 극심한 통증으로 거의 밥을 먹지 못했다. 매일 같이 먹지 못하고 병원에 오갈 때 외엔 침대에만 누워 있는 딸을 보자 엄마가 체감하는 심각성은 커져만 갔다.

 감사하게도 엄마의 퇴직은 나를 조금씩 살리기 시작했다. 엄마는 하루 종일 주방에서 시간을 보내며 딸의 입맛에 맞을 만한 요리를 계속해서 해 주셨다. 이러한 엄마의 끝없는 헌신 덕분에 나는 한 입, 한 입을 더 먹으며 다양한 영양분을 섭취할 수 있었다.

 집에 혼자 있었다면 통증에 지쳐 침대에만 머물렀을 텐데 날씨가 좋은 날이면 5분이라도 나가 보자는 엄마의 설득에 서로 손을 잡고 집 주변을 산책하기도 했다. 엄마와 함께 많은 시간을 보내며 우리는 더 많은 이야기를 나누었고, 억지로 미소 짓는 연습을 하지 않아도 될 만큼 잃어버린 웃음까지도 조금씩 되찾게 되었다.

내가 혼자 아파하고 있을까 봐 지난 수년간 내 방문에 귀를 기울인 채 밤을 지새웠던 우리 엄마. 잠깐 곁을 떠난 사이 나 홀로 119를 불러 응급실에 갈까 봐 노심초사하며 단 하루도 마음 편히 지내지 못한 우리 엄마.

그런 엄마를 위해 나는 버틸 수밖에 없었다. 아니, 버티는 것을 넘어 좋아져야만 했다. 딸의 회복을 위해서라면 어떤 일도 마다하지 않는 엄마 덕분에 나는 조금씩 회복의 경로에 진입하게 되었다.

동료 선생님들과 학생들에게 언제나 사랑받고 인정받으며 교직 생활을 해 온 최숙자 선생님!

나의 엄마여서 고마워. 엄마의 헌신적인 사랑 덕분에 내가 좋아지고 있어. 우리 이제는 활짝 웃자!

선하신 하나님?

 학창 시절부터 친구들을 깜짝 놀라게 할 수 있었던 두 가지의 말이 있다.

 "우리 엄마 학교 선생님이야."

 "나 교회 다녀."

 이 말을 듣는 사람마다 믿을 수 없다는 듯이 놀라며 꼭 되물었다. 너와 정말 어울리지 않는다며 웃었고, 나도 그 말에 수긍하며 함께 깔깔거렸다. '교사의 자녀', '교회 다니는 아이'라고 하면 떠오르는 차분하고 얌전한 이미지는 나에게 없었다. 언제나 왁자지껄하게 떠들며 친구들과 뭉쳐 다니곤 했다.

 우리 집은 3대째 이어지는 기독교 집안이다. 그런 집안에서 모태신앙인으로 자라난 내가 하나님을 믿는 것은 당연한 일이었다.

하나님을 믿는다고 해서 항상 모든 일이 잘되고, 좋은 일만 생길 거라고 기대하지는 않았다. 그래도 우리 부모님이 나를 너무나도 사랑하고 내가 행복하기를 바라시는 것처럼 하나님 아버지의 마음은 그 이상으로 클 것이라 생각했다. 하나님이 나에게 허락하신 이 세상을 마음껏 누리며 매 순간 행복하게 살길 바라실 거라고 믿었다.

청소년기까지는 모범적인 신앙생활을 했다. 하지만 스무 살이 된 직후부터 나는 고삐 풀린 망아지처럼 제멋대로 굴었다. 농담 삼아 '주일예배는 격주제'라고 떠들고 다니던 내게 신앙이라곤 없어 보였는지, 전도하려는 친구들도 있었다.

하나님께 뻔뻔하게 기도했다.

"하나님, 제가 지금은 하나님을 잠깐 떠나 있지만 하나님은 제 새끼손가락이라도 붙잡고 있어 주세요. 그러면 언젠가 다시 돌아갈게요."

하나님을 떠나 살아도 내 삶은 예상외로 탄탄대로였다. 인생은 내가 세운 계획대로 착착 흘러가고 있었고, 세상은 즐거운 것들로 가득 찼으며, 에너지가 흘러 넘치는 나를 사랑하는 수많은 사람들이 있었다. 마치 이 세상이 나를 위해 존재하는 것만 같았다.

점차 신앙생활은 고리타분하게 느껴졌고, 교회에서 만나는 친구들보다 세상의 친구들이 나를 더 이해하고, 포용해 주는 것 같았다. 가끔 죄책감이 들 때도 있었지만 아무런 문제없이 흘러가는 삶을 보며 '아, 역시 선하신 하나님은 하나님과 떨어져 있는 이 순간에도 나를 예뻐하시는구나.'라고 제멋대로 생각했다.

그렇게 20대 초반의 몇 년을 보낸 후 이 정도면 충분히 자유를 만끽했다는 생각이 들었다. 무엇보다 사랑하는 외할머니와 부모님의 간절한 기도를 외면할 수 없었다. 내 새끼손가락뿐 아니라 내 몸 전체를 꽉 붙들고 계셨던 하나님 앞으로, 이제 내가 돌아갈 차례였다.

그런데 웬걸……. 다시 신앙생활의 불씨를 살려 내고 있던 나에게 CRPS라는 질병이 찾아왔다. 나는 고난이 하나님의 선물이라 배웠다. 고난을 통해 하나님을 더 깊이 체험하고, 더 깊은 믿음을 가지게 된다는 것이었다.

CRPS라는 말을 들었을 때 이 고난을 하나님께서 '허락'하신 것이라고 믿으며 마음을 굳게 먹었다. 이 고난을 잘 극복하여 더 단단한 믿음의 사람으로 하나님께 영광을 돌리게 될 거라 확신했다. 하지만 투병을 시작한 지 1년이 채 되지 않아 그 확신은 산산조각 났다. CRPS는 하나님께 영광은커녕 나의 삶뿐만 아니라 가족의 삶까지 무너지게 만들었다.

'주님 내게 선하신 분 내 과거를 던지시고 내 죄 세지 않으시네'. 유명한 한 찬양의 가사처럼 하나님은 내 잘못을 따져 물으시고 그 크기대로 대가를 치르게 하시는 분이 아님을 알고 있었다. 하지만 나는 내가 잘못했던 것들을 되짚어 나가며 회개할 수밖에 없었다.

20대 초반에 너무 방탕하게 살아서일까? 하나님을 의지하며 말씀대로 살지 않고 내 생각과 계획을 따라 살아서일까? 차라리 내가 지은 죄가 너무 커서 그 죄에 대한 형벌을 받고 있다고 생각하는 것이 마음 편했다. 지금 나에게 일어난 일이 하나님의 계획이라면 나는 하나님을 더 이상 '선하신 하나님'으로 고백할 수 없을 것 같았다. 하나님이 선하신 분이라면, 그분이 나의 아버지라면 하나님의 자녀인 나에게 CRPS 환자로서의 삶을 살아가게 할 수는 없는 것이었다.

"항상 기뻐하라 쉬지 말고 기도하라 범사에 감사하라 이것이 그리스도 예수 안에서 너희를 향하신 하나님의 뜻이니라"(데살로니가전서 5:16-18).

나는 이 말씀을 좋아했다. 평생 이 말씀대로 살아갈 자신이 있었다. 태생적으로 긍정적인 성격을 타고나 주위 사람들이 신기해할 만큼 모든 상황에서 감사한 면을 찾아냈다. 행복하다는 말을 입에 달고 다녔고, 언제나 웃음이 넘쳤다.

CRPS 투병 중에도 나는 항상 감사했다. 한번은 엄마가 나에게 물으셨다.

"소민아, 너는 이렇게 아픈데 뭐가 그렇게 하나님께 감사해?"

애써 감사의 조건들을 찾으려 했던 것은 아니었다. 크고 작은 감사가 그저 자연스럽게 떠올랐다.

하지만 기뻐할 수는 없었다. 내 방 침대에 누우면 바로 보이는 위치에 이 말씀이 담긴 액자가 걸려 있다. 침대에 누워 하루를 버티는 게 일이었던 나는 하루에도 수십 번씩 이 말씀을 바라볼 수밖에 없었다.

어느 날, 통증에 몸부림치다 힘이 다 빠진 채 기도했다.

'통증으로 기절하는 것이 일상이 되었고, 눈물 흘리지 않는 날이 없는 이 상황 속에서 제가 어떻게 기뻐해야 하나요? 저도 하나님 뜻대로 살고 싶은데……. 하나님이시라면 이 상황에서 무엇으로 기쁨을 느낄 수 있으세요?'

아프기 전, 성경에서 가장 읽기 싫었던 부분은 '욥기'였다. 그런데 투병 중 읽었던 욥기에는 '내가 글을 잘 썼다면 이렇게 썼을 거야.'라고 생각할 만큼 내 심정이 고스란히 담겨 있었다.

"내가 난 날이 멸망하였더라면……"(욥 3:3).

"나는 음식 앞에서도 탄식이 나며 내가 앓는 소리는 물이 쏟아지는 소리 같구나"(욥 3:24).

"나에게는 평온도 없고 안일도 없고 휴식도 없고 다만 불안만이 있구나"(욥 3:26).

"나의 괴로움을 달아 보며 나의 파멸을 저울 위에 모두 놓을 수 있다면 바다의 모래보다도 무거울 것이라"(욥 6:2-3상).

"이와 같이 내가 여러 달째 고통을 받으니 고달픈 밤이 내게 작정되었구나 내가 누울 때면 말하기를 언제나 일어날까, 언제나 밤이 갈까 하며 새벽까지 이리 뒤척, 저리 뒤척 하는구나"(욥 7:3-4).

"내 마음이 뼈를 깎는 고통을 겪으니 차라리 숨이 막히는 것과 죽는 것을 택하리이다 내가 생명을 싫어하고 영원히 살기를 원하지 아니하오니 나를 놓으소서 내 날은 헛 것이니이다" (욥 7:15-16).

"주께서 어찌하여 얼굴을 가리시고 나를 주의 원수로 여기시나이까"(욥 13:24).

"나의 날이 지나갔고 내 계획, 내 마음의 소원이 다 끊어졌구나"(욥 17:11).

자신의 생일을 저주하고, 자신이 살아갈 날들에 절망하며 고통에 신음하는 욥의 말들이 모두 나의 마음과 같았다. 차라리 천국으로 데려가 주시지, 왜 이 땅에서 숨을 쉬며 살아 있는 형벌을 당하게 하시는지 이해할 수 없었다. 하지만 "온전하고 정직하고 하나님을 경외하고 악에서 떠난 자"였던 욥 또한 이해할 수 없는 고난을 겪었다는 사실이 나에게 와닿았다. 끝까지 하나님을 붙들고 놓지 않았던 욥처럼 나도 하나님의 존재를 부인하지 않으려 애썼다.

> "그러할지라도 내가 오히려 위로를 받고 그칠 줄 모르는 고통 가운데서도 기뻐하는 것은 내가 거룩하신 이의 말씀을 거역하지 아니하였음이라"(욥 6:10).
>
> "나는 나의 모든 고난의 날 동안을 참으면서 풀려나기를 기다리겠나이다 주께서는 나를 부르시겠고 나는 대답하겠나이다 주께서는 주의 손으로 지으신 것을 기다리시겠나이다"(욥 14:14-15).

어느 책에서 이런 문장을 읽은 적이 있다.
'욥은 큰 그림을 본 적이 없다. 본 것이라곤 오직 하나님뿐이다.'

나는 나에게 닥친 고난의 의미와 목적을 지금도 모른다. 나의 길고 고통스러운 투병의 시간이 언제 끝날지 모른다. 나의 삶의 마지막이 어떠할지도 당연히 모른다. 하지만 분명한 것은 하나님께서 분명히 나와 함께하신다는 것, 그리고 그분은 나를 사랑하시는 선하신 하나님이라는 사실이다.

"항상 기뻐하라".

내가 기뻐하는 것은 하나님께서 내게 무언가를 주셔서가 아니다. 죄인이었던 나를, 아무런 공로도 없는 나를 하나님의 자녀로 삼아 주신 것. 그 진리 하나만으로도 나는 기뻐할 수 있다.

모든 삶이 평온하고 아무런 염려가 없었을 때도, 모든 삶이 망가지고 아무런 희망이 보이지 않을 때도, 선하신 하나님이 나의 삶을 이끌어 가고 계심을 믿는다.

내 기쁨의 근원은 오직 하나님임을 고백한다.

휴일이 싫은 이유

　평생 '119'라는 번호는 누를 일이 없을 거라 생각했다. 누르면 큰일이라도 날 듯한, 세 자리의 숫자로부터 오는 위압감이 있었다.

　그런데 CRPS 환자로 지내면서 '119'라는 숫자를 수도 없이 누르게 되었다. 돌발통이 찾아오기 시작하면 먼저 핸드폰에 119부터 눌러 두었다. 그 후 통화 버튼까지 마저 눌러 응급실에 실려 갈 수 있으면 다행이었고, 미처 버튼을 다 누르지 못해 통증에 몸부림치다 기절하는 경우도 많았다.

　119에 긴급하게 전화하고 나면, 지역 담당 구조대원분들이 출동하며 다시 연락을 주신다. 얼마나 자주 119 대원분들의 도움을 받아 응급실에 실려 갔는지 언젠가부터 구조대원분들은 통화가 연결되자마자 "○○아파트 통증 환자분이시죠? 최대한 빨리 가겠습니다."라고 말씀하셨다.

주로 새벽 시간대에 응급실에 실려 가는 일이 많았지만 간혹 낮 시간에 119를 부르면 아파트 주민분들이 웅성웅성거리며 구경을 나오셨다. 부모님은 속상해 하셨지만 나는 사실 그분들의 시선을 신경 쓸 여력조차 없었다. 최대한 119를 이용하지 않으려고 했지만 돌발통은 그야말로 응급상황이었다. 부모님 차로 응급실에 가려면 엘리베이터를 타고 지하 주차장까지 이동해야 했다. 그런데 그때의 난 침대에서 일어나 몇 걸음을 걷는 것도 넘을 수 없는 산처럼 느껴졌다.

미세한 자극에도 통증이 솟구치는 상황이니 구급대원분들은 최대한 덜컹거리지 않게, 그리고 아주 빠르게 나를 병원으로 이송해 주셨다. 이 지면을 빌어 119 대원분들의 신속한 대처에 항상 감사드린다는 말을 전하고 싶다.

아프기 전의 나는 새해가 오면 '빨간 날'부터 확인했다. 평범한 사람들처럼 휴일이 하루라도 더 있는 것이 좋았다. 하지만 아프고 나서부터 휴일은 가장 무서운 날이 되어 버렸다. 휴일에는 일반 진료를 볼 수 없어 응급실을 통해 진통제 주사를 맞아야 하기 때문이다.

특히 설날과 추석 연휴는 1년 중 가장 싫어하는 기간이 되었다. 최소 3일이라는 긴 시간 동안 병원 진료를 볼 수 없다는 사실은 너무나도 괴로운 일이었다. 사흘 넘게 병원을 가지 않고 버티는 것은 불가능했다. 아무리 약을 먹어도 숨조차 쉬기 어려운 통증이 밀려오기 때문이다. 결국 참고 참다 응급실에 가면 연휴 특성상 어느 시간대라도 사람이 많아 힘들었다.

나를 담당하시는 교수님들은 CRPS 통증으로 쇼크사[1]할 위험이 있으니 통증이 심해지면 최대한 빨리 응급실에 가서 주사를 맞으라고 말씀하셨다. 하지만 아무리 CRPS 환자라고 해도 현실은 녹록지 않다. 내가 느끼는 통증의 크기와는 관계 없이 응급실에서는 일반 환자에 준해 진료 순서를 기다려야 한다.

도저히 참을 수 없는 통증에 창피한 줄도 모르고 아프다고 고래고래 소리를 지르기도 했다. 통증이 극심하다 보니 전신에 경련이 발생하기도 하고, 그와 함께 과호흡[2]이 찾아온다. 혈압은 날뛰어 기계로 측정하지 못하는 상태에 다다른다. 결국 몸이 통증을 이겨 내지 못해 뇌출혈[3]이 발생하기도 했다. 더 이상 울 힘마저 없어 눈물만 흘리고 있으면 간호사 선생님들은 더 빨리 처치를 해 주지 못해 미안하다며 달래 주시기도 했다.

사람이 버틸 수 있는 수준이 아니었다. 차라리 칼로 배를 깊이 찔러 내장까지 휘저어 다 잘라 버리고 싶었다. 그러면 모두가 납

득할 수 있는 응급 환자가 되어 통증에서 잠깐이나마 벗어날 수 있을 테니 말이다. 응급실에서 내 순서를 기다리며 '차라리 심각한 교통사고를 당해 실려 왔으면 얼마나 좋았을까.' 하는 생각을 수도 없이 했다. 눈에 보이지 않는 통증이 원망스럽기까지 했다.

CRPS 환자가 응급실을 가는 대부분의 이유는 통증 때문이다. 가지고 있는 경구약을 치사량 수준으로 먹어도 통증이 잡히지 않으니 말이다. (추가적으로 나는 약물 부작용으로 인한 위경련, PICC 감염 문제 등으로 응급실을 찾기도 했다.)

문제는 기존에 다니던 병원이 아닌 다른 병원의 응급실을 찾아야 할 상황이 발생했을 때다. 통증을 잡아 주기 위해 사용되는 진통제가 '마약'이니 그 환자에 대한 이해가 없는 병원은 아주 소극적인 치료밖에 해 줄 수가 없다.

감사하게도 나는 집과 진료를 보는 대학병원이 가까워 큰 문제가 생겼던 적은 없었다. 하지만 만에 하나 집이 아닌 다른 곳에서 돌발통이 발생할 경우에 대비해 담당 교수님의 소견서를 휴대하고 다녔다. 소견서에는 내가 CRPS 환자라는 사실과 함께 '어떤 주사를, 어느 정도의 용량으로, 몇 회 맞아야 하는지' 등이 세세하게 적혀 있다. 더불어 꼭 마약성 진통제 주사 치료가 필요하다는 소견 또한 포함되어 있다. 그럼에도 그 소견서대로 처방해 주는 대학병원은 단 한 곳도 없었다. 한 병원에서는 통증이 심해 숨조차 쉬지 못하는 내 모습을 보고, 딱 숨쉴 수 있을 만큼의 주사를 놔 준 뒤 내가 다니는 대학병원 응급실로 전원시켰다.

전국에서 CRPS를 전문으로 진료하는 대학병원의 수는 한 손으로 꼽을 수 있는 정도다. 그마저도 서울에 집중되어 있으니 지방에 거주하는 환자들은 서울에서 진료를 보고, 지방에서 일상생활을 이어 간다. 이런 환자들이 집에서 돌발통이 발생했을 경우, 주치의의 소견서를 가지고 응급실에 간다 해도 문전박대를 당하기 일쑤다. 가족들이 소견서를 보여 주며 아무리 사정해도 치료에 필요한 약물이 '마약'이라는 이유만으로 거절당하는 것이다.

결국 환자는 집과 병원을 오가며 통증이 더 심해지고, 더 나아가 마음의 상처까지 입게 된다. 어차피 치료를 받지 못하니 '기절을 해도 집에서 하는 게 낫다.'라고 말하는 분도 있었다. 이러한 현실은 치료에 큰 악영향을 끼친다. CRPS의 특징상 돌발통이 찾아오는 즉시 통증을 잡아 주는 것이 최선이기 때문이다. 참으로 가슴 아픈 현실이다.

나의 핸드폰에는 의료 정보와 함께 긴급 연락처가 저장되어 있다. 어느 순간 돌발통이 심해져 아무 말도 못할 만큼 통증이 솟구칠지 모르기 때문이다. 척수자극기를 삽입하고 있을 때는 내가 척수자극기를 삽입한 환자라는 사실과 치료를 받고 있는 병원에 대한 정보가 담긴 카드를 지갑에 넣어 다녀야 했다.

단 한 번도 원치 않았지만 어느새 나는 응급실 마니아가 되어 있었다.

---

1) 쇼크사: 쇼크 증세를 일으켜 실신하여 사망하는 일

2) 과호흡: 과도한 호흡이 발생해 혈액 내 이산화탄소 농도가 정상 범위 이하로 감소하는 증상이다. 만일 과호흡 상태에서 벗어나지 못한 채 상황이 지속된 환자가 심혈관계나 호흡기 질환이 있다면 매우 드물게 심장마비가 오거나 사망할 수도 있다. 그러나 기저 질환이 없는 대부분의 경우 사망에 이르는 일은 극히 드물다.

3) 뇌출혈: 뇌의 동맥이 터져 뇌 속에 출혈이 생긴 상태. 고혈압이 원인이기도 하지만 돌발통이 오면 혈압이 기계로 측정할 수 없을 만큼 높아진다. 나의 경우 이로 인해 뇌출혈이 수반된 것이라는 의료진의 추정이 있었다.

마약은 하지만, 마약쟁이는 아니에요

CRPS와 마약은 실과 바늘 같은 관계이다. 그 어떤 질병도 의심 단계에서부터 마약을 처방하지 않지만 CRPS만은 예외다. 그만큼 CRPS의 통증은 마약성 진통제 없이는 버틸 수 없는 수준으로 강하게 찾아온다.

마약성 진통제에 대해서는 의료진마다, 환자마다 각각 다양한 의견을 가지고 있다. 수많은 마약성 진통제를 경험해 본 나의 의견을 말하자면 '마약성 진통제도 분명 마약'이라는 것이다. 그럼에도 'CRPS 환자에게는 마약성 진통제가 가장 적극적인 치료 방법'이라는 의견 또한 덧붙이고 싶다. 약의 도움 없이 무작정 통증을 계속 참을 경우, 신경이 이를 기억하고 통증을 악화시키는 결과를 불러온다. 적절한 타이밍에 환자에게 투여되는 진통제는 분명 치료제의 역할을 한다. 흥분되어 있는 신경을 가라앉힐 수 있기 때문이다.

마약성 진통제와 향정신성 의약품을 과하게 처방하고 사용하는 것은 반드시 지양해야 한다. 그러나 CRPS의 통증이 전이되는 최악의 결과를 피하기 위해서는 외줄 타기를 하듯 조심스럽게 그것들을 사용할 수밖에 없다.

가끔 사람들이 정말 순수한 궁금증으로 나에게 물었다.

"마약성 진통제를 먹으면 어때? 진짜 마약 한 것 같은 기분이 들어? 모르핀 주사를 맞으면 마약 한 것 같아?"

나의 대답은 언제나 "NO."였다.

'마약성 진통제'의 '마약성'에 집중하는 사람들이 있다. 하지만 통증 환자에게는 그것이 '진통제'의 역할로 작용할 뿐이다. 통증이 극심한 상태에서 마약류 주사를 맞으면 그제야 비로소 사람 같은 모습으로 돌아올 수 있다. 요동치던 혈압과 심장박동수가 정상수치로 돌아오고, 겨우 숨을 쉬며 온전한 사고를 할 수 있게 된다.

수시로 병원을 들락거려야 하고, 주사를 맞아야 하는 상황이 즐거운 사람이 있을까? 세상에 아프고 싶은 사람은 없다. CRPS 환자 또한 마찬가지이다. 아니, 어느 누구보다 아프고 싶지 않은 사람들이다.

하지만 치료 과정에서 원치 않는 상처를 받는 경우가 종종 발생한다. 어쩔 수 없이 장기간, 고용량으로 사용하는 마약성 진통제 때문이다. 간혹 의료진 중에서도 마약성 진통제라는 이유로 처방에 소극적이거나 CRPS 환자를 마치 마약 중독자처럼 대하는 이들이 있다. 이런 경우 곱지 않은 시선을 고스란히 받으며 눈치 아닌 눈치를 보게 된다. 이때의 참담한 기분은 이루 표현할 수가 없다.

그런 점에서 나의 담당 의료진분들에게 항상 깊이 감사하고 있다. 생명의 은인이라는 말로는 다 표현할 수 없다. 매번 아픈 몸을 치료해 주시는 것을 넘어 병원을 '제2의 고향'이라고 말할 수 있을 만큼 항상 따뜻하게 대해 주셨기 때문이다.

그런데 투병 중에 '아, 아픈 게 죄구나.'라고 느낀 적이 있었다. 담당 교수님의 장기 연수로 부득이하게 다른 교수님으로 담당의가 변경되었을 때였다. 진료실에 들어가 현재 상황을 말씀드리고 무언가 또 다른 치료 방법이 없을지 여쭈어 보았다. 그러자 그 교수님은 정확하게 이렇게 말씀하셨다.

"저는 병원에 고용된 일개 월급쟁이 의사일 뿐이에요. 그런 저한테 뭘 그렇게 많이 바라고 계시나요?"

이 말을 듣자 서러움이 북받쳤다. 나는 눈물을 뚝뚝 흘리며 교수님께 질문했다.

"교수님은 통증으로 단 5분밖에 자지 못하는 생활을 몇 달째 이어 나가도 버틸 수 있으신가요?"

"네, 저는 버틸 수 있습니다."

차가운 대답이 돌아왔다. 할 말이 없었다. 믿기지 않을지도 모르겠지만 죽고 싶을 만큼 아파하던 내가 실제로 겪은 일이다.

많은 환우들로부터 '항상 환자는 을이다.'라는 말을 들었지만 공감할 수 없었다. 나를 담당해 주시는 선생님들은 오히려 "소민아, 내가 해 줄 수 있는 게 더 있을까?"라고 물어봐 주셨다. 늘 진심을 담아 치료해 주시는 의료진분들만 만났던 터라 그날의 일은 엄청난 충격이었다.

물론 당시에 너무 아팠기 때문에 상황을 더 예민하게 받아들였던 것일지도 모른다. 그분 또한 나를 처음부터 진료하지 않으셨으니 이력을 제대로 파악하지 못해 하신 말씀이었을 수도 있다. 무엇보다 '마약'으로 치료해야 하는 환자이기에 더 엄격한 기준으로 대응하셨을 수도 있다.

CRPS 환자라 하더라도 평생 마약성 진통제에 의존하여 살아갈 수는 없다. 특히 주사 치료가 습관이 되지 않도록 주의해야 한다.

환자 본인은 안다. 지금 나의 통증 상태가 어떤지. 만약 호전 궤도에 들어섰다면 몸이 눈치채지 못할 만큼 미세하게 약의 용량을 줄여 가야 한다. 이것은 환자 자신이 본인의 의지로 치열하게 감당해야 하는 과정이다. 여전히 통증이 있는 상태에서 약을 줄이는 것은 매우 지치고, 서럽고, 처절하기까지 하다.

나의 경우에는 목표를 분명하게 설정했다. 눈앞의 통증 경감이 아니라 '아프기 전의 모습을 되찾는 것'이 나의 목표였다. 당장 오늘 하루를 살아 내기에도 버거운 현실이었지만 그 목표를 잊지 않으려 애썼다.

마약성 진통제 사용을 부담스러워하는 CRPS 환자들이 있다. 한 번 이 약을 시작하면 평생 끊을 수 없을 것 같은 두려움, 경구약 복용은 몰라도 모르핀 주사만큼은 맞고 싶지 않은 마음, 더 나아가 케타민 치료는 하고 싶지 않은 마음……. 나 또한 같은 생각을 했다.

그러나 현 상황에서 '통증 감소'보다 더 중요한 일이 있는지 생각해 보니 쉽게 결정할 수 있었다. 급한 불부터 꺼야 한다. 한번 시작한 마약을 끊어 내기는 쉽지 않다. 필요하지 않다면 당연히 사용하지 않아야 한다. 하지만 의료진의 명확한 판단이 있다면 그것을 믿고 따르는 것이 필요하다. CRPS 통증은 환자의 의지로 조절할 수 없지만, 통증이 호전될 경우 본인의 의지에 따라 약을 줄이는 것이 가능하기 때문이다.

이렇게 치열하게 CRPS와 싸우고 있는 환자들의 마음을 무너지게 하는 뉴스가 종종 들려온다. 무분별하게 처방되고 있는 마약성 진통제에 관한 것이다. 심지어 확진 전 의증 상태에서도 마약 처방이 가능한 CRPS를 소위 말하는 '마약쟁이'들이 자신의 쾌락을 위한 도구로 사용하는 경우도 있다. 그런 사람들 때문에 정작 마약성 진통제가 필요한 통증 환자들까지 강화된 규제로 인한 어려움을 겪고 있다.

CRPS 환자는 마약을 하지만 마약쟁이가 아니다.
CRPS가 마약쟁이들의 도구가 되는 것은 반드시 막아야 한다.

몸이 아파서 정신과에 갑니다

CRPS 치료 초기, 마취통증의학과 교수님은 정신건강의학과와의 협진을 조심스레 권하셨다. 나는 '치료에 도움이 된다면 뭐든지 좋다.'고 답변하였다. 그러자 교수님은 아주 좋은 결정이라며 칭찬해 주셨다. 동시에 아직도 정신과 진료를 받는 것을 꺼리는 환자들이 많은 것을 안타까워하셨다.

정신건강의학과 또한 여러 진료과 중 하나일 뿐인데 왜 그토록 부담감을 느끼는 것인지, 처음에는 그런 사람들이 잘 이해되지 않았다. 하지만 내가 정신과 진료를 받는다는 사실을 들은 주위 사람들의 반응을 통해 정신과에 대한 선입견이 존재한다는 것을 분명히 느끼게 되었다.

최근 정신과의 문턱이 많이 낮아졌다고는 하지만 일상에서는 달랐다. 정신과라는 단어가 내 입에서 나오는 순간 사람들의 눈에 비친 생각을 읽을 수 있었다. '누구든 정신과 진료를 받을 수 있지. 그런데 그게 나와 가까운 이 사람일 줄이야······.'

하지만 정신과 진료는 여러 면에서 큰 도움이 되었다. 내가 받은 도움을 '심리적 치료'와 '전문적인 약제 조절'로 나누어 이야기하고자 한다. 나의 경험이 정신과 진료를 두고 고민 중인 CRPS 환우들에게 도움이 되기를 바란다.

1. 심리적 치료

아프기 이전의 나는 어려움을 맞이할 때마다 '시련을 극복해 내는 재미가 있는 것이 인생'이라고 생각했다. 강한 의지만 있다면 무엇이든 이겨 낼 수 있을 거라고 믿었다. 그러나 CRPS는 완전히 다른 차원이었다.

CRPS 통증과 함께 찾아오는 심리적인 변화를 받아들이기 힘들었다. 항상 행복하기만 했던 나의 머릿속은 언젠가부터 자살, 자해 등과 같은 어두운 단어들이 점령했다. 그런 생각을 하고 있는 나 자신이 마치 내가 아닌 듯 이질적으로 느껴졌다. 무언가 단단히 잘못 흘러가고 있다는 생각을 하던 나에게 정신건강의학과 교수님은 말씀하셨다.

"일상을 살아가는 사람들도 삶 속에서 몇 번의 파도를 만나면 그만 살고 싶다는 생각을 갖게 돼. 그런데 CRPS 환자들은 하루에도 수십 번씩 쓰나미를 온몸으로 맞고 있는 상황이야. 이런 상황 속에서 어떻게 자살 생각이 들지 않을 수 있겠니. 그런 생각이 드는 게 너무 당연해."

내가 이상한 것이 아니라 누구든 나와 같은 상황이라면 그렇게 생각하는 것이 당연하다는 교수님의 말씀은 큰 위로로 다가왔다. 신체적인 변화에 따른 심리적인 변화는 당연한 것이었다. 교수님 덕분에 투병을 시작한 후에 달라진 나의 생각과 모습을 서서히 받아들일 수 있었다.

코로나19가 기승을 부리기 시작할 무렵, 진료실에 들어서자 교수님이 물으셨다.

"코로나 걸려서 죽고 싶지?"

나는 웃으며 대답했다.

"역시 교수님! 제 마음을 읽고 계시네요. 당연하죠."

'죽고 싶다.'는 말을 교수님이 아닌 다른 사람과 웃으며 나눌 수 있었을까? 우리는 웃으며 대화를 나누었지만 둘 중 누구도 내가 처한 상황과 문제를 가벼이 여기지 않았다. 교수님은 내가 24시간 내내 '자살' 생각만 하는 CRPS 환자임을 알고 계셨고, 머릿속에 가득 찬 그 생각을 모두 이야기할 수 있도록 유도해 주셨다.

교수님에게마저 솔직한 심리 상태를 털어놓지 못했다면 나는 견디지 못했을 것이다. 어디서도 말하기 어렵고 무거운 문제에 대해 편하게 말함으로써 위태롭고 위험한 상황을 벗어날 수 있었다.

2. 전문적인 약제 조절

통증 조절을 위한 약의 종류는 정말 다양했다. 투병 기간이 길어질수록 약의 종류와 개수가 많아져 하나의 진료과에서 모든 약을 다 처방할 수 없는 상태에 이르렀다. 결국 여러 진료과의 협진을 통해 약제 처방이 이루어졌다. 그중 정신건강의학과 교수님은 수면 및 신경 조절 약제를 도맡아 처방해 주셨다.

수면제의 세계는 신비했다. 잠을 유도하는 약, 잠을 지속하게 하는 약, 잠을 깊게 잘 수 있도록 하는 약 등 '수면'을 위한 다양한 접근이 시작되었다. 심지어 꿈을 덜 꾸게 해 주어 수면의 질을 향상시키는 약까지 존재했다. 교수님은 매일 같이 잠을 못 자는 내가 깊게 잘 수 있도록 최적의 약제를 조합하여 처방해 주셨다. 만약 정신과 진료를 받지 않았다면 일반적으로 사용하는 수면제를 처방받는 것에서 끝났을 지도 모른다. 세밀하게 나의 상태를 살펴 1분이라도 더 긴 수면 시간을 선물해 주신 교수님께 진심으로 감사했다.

CRPS는 교감신경이 비정상적으로 날뛰고 있어 이를 가라앉히는 것이 필수적이다. 교감신경의 흥분을 떨어뜨리기 위한 약제 처방 역시 정신과에서 이루어졌다. 아무리 생활 속에서 몸과 마음의 평온함을 유지하려 애써도 CRPS 통증은 아주 작은 감정 변화에도 악화된다. 그래서 나는 감정 변화로 인한 통증 악화를 막기 위해 필요시 추가로 복용할 수 있는 약 또한 처방받았다.

정신건강의학과는 향정신성 의약품 처방이 많다. 이 약 또한 '마약성 진통제'와 비슷한 수준의 위험성을 가지고 있으므로 주의해야 한다. 하지만 나는 전적으로 담당 교수님의 처방을 믿고 따랐다. 교수님은 항상 나와 충분한 이야기를 나눈 후 약의 종류와 용량을 결정하셨다.

정신과의 특이점은 환자마다 자신과 잘 맞는 의료진이 다르다는 사실이다. 투병 기간 중 통증 환자 전문 심리상담사분을 추천받아 상담을 받으러 다녔던 적이 있다. 그분은 내가 이야기를 할 때마다 걱정 가득한 눈빛으로 바라보시며 고개를 끄덕이셨다. 어떤 환자에게는 그것이 공감받고 있음을 느끼게 하는 위로가 되었을지도 모르겠다. 하지만 나는 그때 내가 정말 심각한 상황에 처해 있는 듯한 기분이 들어 또 다른 답답함만을 얻게 되었다.

정신과에서 만난 교수님은 달랐다. 내가 어떤 이야기를 하든 '그럴 수 있어.'라는 태도를 견지하고 계셨다. 단순한 감정의 공감을 넘어 확실한 데이터를 기반으로 한 해결책을 제시해 주시는 모습에 안정감을 얻게 되었다. 반면 어떤 환우는 교수님의 그런 태도가 차갑게 느껴진다며 다른 교수님으로 진료를 변경하기도 했다. 이처럼 정신과 진료에서는 자신과 잘 맞는 의료진을 찾아 가는 과정이 필요하다.

상태가 호전되자 교수님은 종종 이렇게 조언해 주셨다.

"사람이기에 모든 것은 가능하다."

나는 한계가 없는 '사람'이기에 이 순간까지 통증을 버티며 올 수 있었다. 나는 '하나님의 형상대로 지음받은' 사람이기에 저주받은 질병이라 불리는 CRPS와 함께 살아 나갈 수 있는 것이었다.

몸이 아픈 것은 금방 알아차리지만 마음이 아픈 것은 잘 알아차리지 못하곤 한다. 몸이 아픈 것을 치료하느라 마음이 병들어 가는 것을 방치하기도 한다.

통증 치료는 몸과 마음의 치료가 복합적으로 이루어져야 한다.

마루타가 되는 현실

 통증이 시작되었을 무렵, 아빠는 나에게 희귀병에 걸린 지인의 이야기를 전하며 안타까워하셨다. 요즘 희귀병이 많이 발생하는 것 같으니 건강 관리를 잘하라는 조언과 함께 말이다.

 아빠의 말을 듣고 속으로 깜짝 놀랐다. 부모님께는 말씀드리기 전이었지만 나는 그때 이미 의사 선생님으로부터 CRPS인 것 같다는 소견을 들은 상태였기 때문이다. 차마 아빠에게 '딸이 희귀병에 걸린 것 같다.'고 말하지 못한 채 나머지 대화를 이어 나갔다.

 CRPS 투병에는 희귀병이라 겪어야만 하는 어려움이 존재했다. 희귀병은 말 그대로 발병률이 매우 낮은 질병을 일컫는다. 그 병을 앓는 환자의 수가 적다는 것은 여러 문제를 유발한다.

우선 빠르고 정확한 진단이 어렵다. 이로 인해 환자들은 여러 병원을 전전하다 치료 시기를 놓치기도 한다. CRPS의 가능성에 대해 전혀 고려하지 못하거나, 통증이 눈에 보이지 않는다는 이유로 CRPS 질환 자체를 인정하지 않는 의료진도 있기 때문이다. 반대로 엉터리로 CRPS 진단을 받는 경우도 있다. 마약과 뗄 수 없는 질병이기에 이를 이용하여 자신의 쾌락이나 금전적인 이득을 취하려는, '가짜 CRPS 환자'가 되고 싶은 사람들이 언제나 존재한다.

CRPS를 확진받고 여러 의료진들에게 조언을 구했지만 하나같이 같은 말씀을 하셨다.

"이 질병은 원인을 모르고, 정해진 치료법도 없으니 걸려선 안 된다."

하지만 난 바로 그 CRPS를 확진받은 환자였다. 막막했다.

슬프게도 투병 현실은 그분들의 말 그대로였다. 정해진 치료법이 없고, 할 수 있는 치료 또한 제한적이었다.

어떤 치료를 새롭게 시작할 때마다 늘 들어야 했던 말이 있다.

"얼마나 효과가 있을지는 직접 해 봐야지만 알 수 있어요."

다른 환자들에게서 어느 정도의 치료 효과가 나타났는지를 여쭈어봐도 동일한 치료를 받았던 환자의 수가 너무 적기에 1%의 확률조차 가늠할 수 없다는 답이 돌아왔다.

그렇게 여러 치료를 시도하다 하루는 서러움이 폭발하여 교수님께 울분을 쏟아 냈다.

"교수님! 저는 CRPS 환자이지 마루타가 아니에요!"

교수님은 왜 그렇게 생각하게 됐는지 물으시며 이야기를 모두 들어 주셨다. 그렇게 느끼게 해서 미안하다며 분노와 슬픔으로 가득 찬 나를 달래 주셨다. 화낼 대상이 교수님이 아니라는 사실을 머리로는 알고 있었지만 속상함이 먼저 터져 버렸다. 하지만 시간이 흐를수록 나는 효과가 명확한 치료를 받는 '환자'가 아닌, 불확실성에 기대를 거는 '마루타'일 수밖에 없다는 현실을 받아들여야 했다.

뚜렷한 치료법이 없어도 마냥 손을 놓고 있을 수만은 없어 무엇이라도 시도해 봐야 했다. 아주 조금이라도 효과가 있으면 행운이었고, 대부분의 경우에는 악화되지 않기만을 바랄 뿐이었다. 혹시라도 다른 치료법이 있지 않을까 하여 여러 병원을 수소문해 보기도 했다. 하지만 우리나라에서 손꼽히는 대학병원임에도 CRPS 진료를 보시는 교수님마저 없었다. 죽음과 맞닿은 통증 속에서 간신히 버티고 있는데, 할 수 있는 치료마저 없다는 사실을 마주할 때 찾아오는 두려움은 이루 말할 수 없었다.

희귀병은 환자의 수 자체가 적어 활발한 연구가 이루어지지 않는다. 만약 현 상황에서 희망이 없다면 미래라도 소망하며 버텨야 하는데 그럴 수조차 없었다. 많은 사람들이 우리나라의 의료 수준은 뛰어나고, 계속해서 발전하고 있으니 분명 좋은 소식이 있을 거라며 위로해 주었다. 하지만 아무리 기다려도 내가 앓고 있는 이 병의 치료법은 계속 제자리걸음이었다. 희망의 불빛은 점점 사그라들어 갔다.

명확한 치료법이 없다는 말은 질병의 원인을 모른다는 말과 일맥상통한다. 매일 같이 도대체 내가 왜 이 병에 걸렸을까 고민했다. 나뿐 아니라 부모님까지 말도 안 되는 가정을 해 가며 과거 자신의 행동을 자책하시기도 했다.

이러한 현실 앞에 놓인 CRPS 환자들은 서로를 향한 깊은 공감대를 형성하고 있다. 질병으로 인한 어려움과 숱한 슬픔에 대해 이야기하지 않아도 눈빛만으로 서로를 이해할 수 있기 때문이다.

우리는 CRPS 환자로서 치료받으며 살아가기 위해 개선되어야 할 환경과 바뀌어야 할 정책들이 있다는 것에 깊이 공감한다. 하지만 함께 똘똘 뭉쳐 목소리를 내어도 우리의 소리는 이내 묻혀 산산이 사라지고 만다.

희귀하다는 것은 정답이 없는 길을 외로이 걸어가는 것이었다.

내 몸은 기상청

신경계 질환인 CRPS는 날씨의 영향을 많이 받는다. 통증에 영향을 끼치는 날씨 요소는 크게 온도, 습도, 기압이다.

내 몸은 기상청보다 더 정확해졌다. '무릎이 아픈 걸 보니 비가 오려나 보다.'라는 어르신들의 말씀을 나는 20대부터 체감하게 되었다. 기상청 예보에서 강우 확률이 없더라도 통증이 심해지는 날이면 항상 비 또는 눈이 왔다.

CRPS 환자들은 여름과 겨울을 가장 힘들어한다. 습한 날씨가 지속되는 여름 장마철에는 통증이 최악의 상태로 치닫는다. 겨울은 온도가 떨어져 통증이 악화된다. 환자마다 다르지만 나는 여름이 겨울보다 더 힘들다. 문제는 우리나라의 여름과 겨울이 점차 길어지고 있다는 사실이다. 나의 몸은 5월 말이 되면 습기를 느끼며 통증이 한 단계 더 악화된다. 이렇게 악화된 통증은 여름이 끝나는 8월까지 지속된다. 11월 말이 되면 몸은 겨울이 찾아온 것을 느낀다. 그리고 2월까지 다시 한번 여름과 같은 상황이 반복된다. 두 계절을 합하면 1년의 절반이었다. 이 기간에는 하루 종일 돌발통 수준의 통증이 찾아와 나를 힘들게 했다.

봄과 가을에도 비가 오거나 날씨가 흐리면 똑같은 상황이 반복된다. 신기할 정도로 비가 오기 정확히 하루 전이면 통증 상태는 확연히 달라진다. 결국 통증이 악화되어 응급실에 실려 가 주사를 맞고 나오면 몇 시간 후 비가 내리기 시작했다. 비나 눈이 오는 날이면 나는 전원이 꺼져 버린 로봇이 되었다. 아무것도 할 수 없는 상태가 되어 마우스피스를 물고 침대 위에서 그날 하루를 꼬박 버텨 내야 했다.

투병 기간 중 가까운 친척의 결혼식 일정이 있었다. 그런데 하필 그날 비가 왔고, 당연히 그 자리에 참석하지 못했다. 날씨에 따라 중요한 자리에도 참석할 수 없는 현실이 너무나도 서글펐다.

아프기 전 나는 사계절을 모두 좋아했다. 봄이면 따뜻한 햇볕이 내리쬐어 행복했다. 여름이면 땀 흘리며 걸어 다니는 것이 좋았고, 바다에 놀러 갈 수 있어 행복했다. 추수의 계절인 가을은 상쾌한 바람만으로도 행복했다. 겨울은 나의 생일이 있는 계절이기도 하고 무엇보다 스키장에 갈 수 있어 행복했다. 눈이 오면 강아지처럼 좋아했다.

하나님께서 창조하신 각 계절이 갖는 특징 속에서, 그리고 그 계절의 변화 속에서 항상 행복을 느끼며 살았다. 그런데 CRPS 환자가 되자 싫은 것을 넘어 무서운 계절이 생겨 버렸다.

몸이 최대한 변화를 느끼지 않을 수 있도록 할 수 있는 여러 방법을 시도해 보았다.

첫 번째 방법은 생활하는 공간의 온도와 습도를 일정하게 유지하는 것이었다. 여름철에는 항상 에어컨과 제습기를 가동해 집 안을 시원하고 쾌적하게 만들었다. 겨울철에는 반팔과 반바지를 입고 지내도 될 만큼 실내 온도를 따뜻하게 유지했다. 그럼에도 몸은 날씨에 따라 반응했고 통증은 악화되었다. CRPS가 신경계 질환이라 어쩔 수 없다지만, 이렇게까지 예민하게 반응하는 내 몸을 도저히 이해할 수 없었다.

두 번째 방법은 심리적인 요인을 조절해 보는 것이었다. 비나 눈이 오는 날이면 어김없이 응급실에 실려 가는 일이 반복되자 날씨가 흐려지기만 해도 겁이 났다. 바깥 날씨를 모르면 통증이 조금이나마 덜 악화되지 않을까 하는 생각에 커튼을 치고 지냈다. 가족들은 비가 와도 나에게 비가 오지 않는다고 말했다. 그런데

이는 통증이 악화되는 원인을 알 수 없게 만들어 불안감만 더 불러일으켰다.

비나 눈이 오는 날에 대한 좋은 이미지를 뇌신경에 심어 주기 위해 부단히 애를 썼다. 비 오는 날이면 좋아하는 음악을 듣는 등의 방법을 시도해 보았다. 아프기 전 여름과 겨울마다 행복하게 지냈던 기억을 떠올려 보기도 했다. 하지만 감정과 별개로 통증은 날씨의 변화에 먼저 반응했다.

한국처럼 사계절이 뚜렷하지 않은, '1년 내내 쾌적한 기후를 가진 나라에서 사는 건 어떨까?' 하는 생각도 해 보았다. 담당 교수님은 보다 적극적으로 미국의 애리조나주가 통증 환자들이 가장 살기 좋다며 권해 주기도 하셨다. 그런데 툭하면 응급실에 실려 가는 내가 외국에 나가서 산다는 것은 무모한 생각이었다. 이렇게 통증 때문에 이민을 고민해야 할 만큼 날씨는 CRPS 환자에게 지대한 영향을 미친다.

통증이 아무런 이유 없이 악화되면 기상청 예보부터 확인하는 습관이 생겼다. 강수 확률이 없으면 기압까지 확인했다. 변화무쌍한 자연 앞에서 나는 아무것도 할 수 없는 나약한 생명체에 불과했다.

자연은 내가 조정할 수 있는 영역이 아니었다. 내 힘으로 어찌

할 수 없는 것에 의해 통증 상태가 좌지우지된다는 사실은 높은 불안감을 안겨 주었다. 불안은 좋은 영향을 끼치는 감정이 아니기에 생각부터 바꾸어야 했다. 답이 없음을 직시하고 현실을 그대로 받아들였다. '어쩔 수 없지.'라는 마음으로 내가 처한 상황을 인정하기 시작했다. 날씨가 좋지 않아 통증이 심해지면 '아, 심해졌구나.'라고 단순하게 통증의 변화를 인정하려 했다. 그렇게 받아들이고 마음을 내려놓으니 불안감이 점차 사라졌다.

'내가 CRPS 환자라서……'라며 생각을 제한하지 않았다. 비 오는 날 통증이 심해질 때면 보통의 사람들도 비가 오면 몸이 찌뿌둥하다는 평범한 사실을 떠올렸다. 침대에만 누워 있는 나의 모습에 좌절하지 않고, '다른 사람들도 이런 날씨에는 집에 누워 쉬고 싶어 하니 나 역시도 그럴 뿐.'이라고 생각했다. 스스로를 CRPS라는 질병의 울타리 안에 가두지 않으려 노력했다. 순간순간 불안함이 찾아와도 '이 또한 지나갈 것'임을 믿고 마음 편히 쉬는 연습을 끊임없이 반복했다.

가족끼리 함께 외식하기로 약속한 날이었다. 비가 보슬보슬 내리고 있었고, 부모님은 나의 상태를 살피시며 같이 나갈 수 있을지 조심스레 물어보셨다. 사실 엄청난 도전이었지만 가족과 행복한 시간을 보내고 싶은 마음에 외출을 결심했다. 침대에서 몸을 일으켜 차를 타고, 식당에 가서, 식사를 하고 돌아왔다. 누군가에게는 지극히 평범한 일상이겠지만 우리 가족은 '비가 오는 날' 모두 함께 외식을 했다는 사실에 감격했다. 아쉽게도 집에 돌아온 뒤 결국 응급실에 실려 갔지만 말이다.

평생 비가 올 때마다 집에 갇혀 있을 수는 없었다. 계속해서 포기하지 않고, 몸의 상태를 살피며 조금씩 변화를 시도하였다. 정말 감사하게도 통증이 조금씩 호전되자 자연환경으로 인한 영향도 아주 서서히 완화되기 시작했다. 비가 오기 하루 전부터 몸서리치게 아팠던 것이 점차 비 오는 당일만 아프게 되었다. 비 오는 당일에는 무조건 응급실행이었는데 경구약만 먹고도 버틸 만해지는 날이 찾아왔다.

얼마 전, 몇 년 만에 내 손으로 우산을 들어 보았다. 우산을 들고 걷는 것이 어색하고 불편했지만 비 오는 날 걸을 수 있다는 사실 하나만으로도 너무나 감사했다.

지금도 비가 오는 날이면 지인들은 나의 안부를 물어온다. 이렇게 곁에서 안위를 물어봐 주는 사람들이 있어 몸이 아프더라도 웃으며 버틸 힘을 얻는다. CRPS 환자가 날씨의 영향을 받는다는 사실은 자명하지만, 이 또한 느리더라도 조금씩 완화될 것이라는 믿음을 가져 본다.

보호자의 무게

1990년에 결혼하신 부모님은 결혼 후 28년 만인 2018년 7월, 두 분만의 여행을 떠나셨다. 여행을 떠나며 '이제 자식들도 다 키웠으니 앞으로는 이렇게 여행도 다니고 여유를 누리며 지내자.'는 이야기를 나누셨다고 한다. 행복한 다짐은 여행이 시작되자마자 무산되었다. 부모님의 여행 둘째 날, 나는 대상포진에 걸렸고 이때부터 우리 가족의 가시밭길이 시작되었다.

투병 초기에는 최대한 혼자 버텨 내려 애썼다. 이미 다 큰 성인인데 내 몸과 마음의 어려움을 토로하며 부모님께 부담을 드리고 싶지 않았다. 걱정이 가득한 눈빛으로 상황을 물어보실 때마다 웃으며 괜찮다고 대답했지만, 어느새 예민하고 짜증만 남은 딸이 되어 버렸다. 씩씩하게 목발을 짚은 채 투병을 시작했지만 얼마 지나지 않아 통증 때문에 집 안에서도 기어다니는 상태가 되어 버렸다. 혼자서 질병을 안고 갈 수 있는 상황을 넘어서 버렸다. 잔인하게도 투병 기간 내내 가족에게 모든 것을 밝히고 공유해야만 했다.

내가 처한 상황과 마음을 솔직하게 이야기하는 것이 가족에게 상처와 짐이 되지 않을까 걱정하는 나에게 부모님은 말씀하셨다.

"아빠 엄마는 소민이가 생각하는 이상으로 강하기 때문에 그 어떤 말을 들어도 끄떡없어. 힘든 것을 혼자 지고 가지 말고 전부 말해. 가족은 함께하는 거야. 함께할 때 이겨낼 수 있어."

마냥 어리게만 생각했던 네 살 아래의 남동생은 내가 투병을 시작한 이후 배려심 넘치는 오빠가 되었다. 나는 그동안 우리 남매의 우애가 동생을 살뜰히 챙겼던 나의 수고에서 비롯된 것이라고 생각했다. 하지만 어느 순간부터 나를 위해 모든 것을 배려하는 동생을 보며, 하루는 너의 기도에도 불구하고 좋아지지 못해서 미안하다며 사과 아닌 사과를 했다. 그러자 동생은 아무렇지 않아 하며 말했다.

"누나가 미안해할 것 없어. 제일 중요한 건 누나 스스로를 챙기는 거야. 난 그냥 누나가 건강해져서 재밌게, 행복하게만 살면 돼."

그렇게 동생은 또 한 명의 든든한 보호자가 되었다.

가족들의 진심을 깨닫게 된 이후, 내가 느끼는 증상과 통증의 상태, 약의 부작용 등을 세밀하게 표현하기 시작했다. 그러자 가족들은 CRPS라는 질병을 가진 나를 더 깊이 이해해 주었다. 희귀병인 탓에 정해진 치료법이 없어 치료 방향을 결정할 때마다 온 가족이 같이 머리를 맞대고 고민해서 최선의 방향으로 결정해 나갔다.

나에게 찾아온 질병의 무게를 가족이 똑같이 지고 가야 하는 현실에 괴로웠다. 하지만 '내가 사는 것이 가족이 사는 길'이라는 다소 이기적인 생각을 하며 투병의 의지를 다질 수밖에 없었다.

말하지 않으면 모른다. 내가 말하지 않으면 설령 내 곁에서 24시간 간병하는 가족이라 할지라도 나의 마음을 알 수 없다.

이 사실을 투병 초기에는 알지 못했다. 얼마나 어렵게 버티고 있는지, 마음이 얼마나 힘든지 말하지도 않았으면서 가족들이 내 마음과 상태를 알아주지 못하는 것에 서운해 했다. 하지만 이제는 힘든 날이면 짜증을 내는 대신, 내 상태를 먼저 밝힌다. 이는 불필요한 감정소모를 줄일 수 있도록 해 주었다.

투병 초기에 유튜브에서 CRPS에 관한 여러 영상을 찾아보았다. 그중 자살을 시도한 젊은 CRPS 환자에게 정신건강의학과 교수님이 '다음번에도 그런 생각이 들면 꼭 부모님에게 이야기하라.'

고 조언하시는 영상이 있었다.

정말 말도 안 되는 조언이라고 생각했다. 사춘기 아이도 아니고, 다 큰 성인이 부모님에게 '나 죽고 싶다.'는 말을 어떻게 한단 말인가. 사람의 생각은 다 비슷한지 해당 영상에는 부모님에게 그런 이야기를 어떻게 하냐며, CRPS는 너무 잔인한 병이라는 내용의 댓글이 달렸다.

그런데 불과 몇 달 만에 나 또한 그 영상 속 환자와 똑같은 처지가 되었다. 말도 안 된다고 생각했던 그 상황을 나와 보호자인 우리 가족이 겪고 있었다. 내가 고아가 아니라서 서러웠다. 가족만 아니었다면 진작 이 통증을 끝내기 위해 마음 편히 이 세상을 떠났을 거라고 울부짖었다.

극단적인 상황 속에서도 우리 가족의 평화는 부모님의 인내와 헌신으로 아슬아슬하게 지켜졌다. 하지만 그 평화는 언제든 말 한마디, 작은 행동 하나로 무너질 수 있는 것이었다.

하루는 동생이 말했다.

"제발 밥 먹는 시간만큼은 마음이 편했으면 좋겠어."

그도 그럴 것이 우리 가족의 식사 시간은 언제나 살얼음판이었다. 한입이라도 더 먹이려는 엄마와 한 톨도 먹기 싫은 나 사이의 감정싸움이 극에 달하곤 했다.

그날도 나는 식탁에 앉자마자 밥을 덜어달라고 요구했다. 나를 위해 몇 시간 동안 수고를 쏟았던 엄마는 그 말 한마디에 그동안 쌓였던 감정이 터져 버렸다. 몇 마디의 감정 섞인 대화가 오고 갔고, 둘 중 누구도 그만둘 생각이 없었다. 참다못한 나는 "다 필요 없어! 이제 난 나가서 죽을 거야!"라고 외치며 현관 쪽으로 향했다.

그 순간, 아빠가 폭발했다. 태어나 처음 마주한 아빠의 화난 모습이었다. 아빠는 내 방으로 들어가 내가 만든 레고를 바닥에 내던지셨다. 더 이상 갈 수 없게 된 놀이공원을 그리워하며 만들었던 놀이공원 시리즈였다. 부서지고 내팽개쳐진 레고가 마치 내 모습 같았다. 내 모든 희망도 산산이 흩어진 듯한 느낌을 받았다.

화가 머리끝까지 차오르자 돌발통이 강하게 찾아왔다. 결국 나는 응급실로 실려 가야 했다. 새벽에 응급실에서 돌아와 잠깐 눈을 붙이고 일어나 보니, 아빠와 엄마가 설명서를 붙들고 복구를 위해 씨름하고 계셨다.

만약 현재의 내가 그 모습을 보았다면 당연히 눈물을 흘리며 부모님께 잘못을 빌었을 것이다. 하지만 그때의 나는 아니었다. 나는 부모님의 손에서 레고를 뺏고, 모든 조각을 쓸어 모아 아파트 분리 수거장에 가져다 버렸다. 백기를 든 것은 아빠 쪽이었다. 아빠는 죽겠다는 나의 말을 듣자 세상에 중요한 것이 하나도 없다는 생각이 들었다고, 그래서 눈에 보이는 가장 큰 레고를 집어던진 것이었다고 말씀하시며 연신 나에게 사과하셨다. 결국 그날의 싸움은 똑같은 레고를 다시 하나 사 주겠다는 아빠의 약속으로 다소 유치하게 마무리되었다.

담당 교수님들은 한결같이 나의 부모님을 향해 말씀하셨다.
"소민이가 이렇게 좋아질 수 있었던 건 부모님의 헌신이 있었기 때문이에요. 이보다 더 좋은 보호자는 있을 수 없습니다."
부모님은 내 앞에서 힘든 내색을 하지 않으려 부단히 애쓰셨지만 나는 훤히 보였다. 부모님도 지칠 수밖에 없는 '사람'이었다.
환자와 보호자 중 어느 한쪽만 지쳐 있을 때는 그나마 버틸 수 있다. 환자가 지쳐 있을 때는 보호자가 힘이 되어 주고, 보호자가 지쳐 있을 때는 환자가 의지를 가지고 이겨 나가면 되기 때문이다. 문제는 양쪽 모두 지쳐 있을 때였다. 그럴 때는 서로 한 발씩 뒤로 물러나 적당한 거리를 두고 아슬아슬한 평화를 유지하며 지내는 것이 최선이었다.

2020년 어버이날, 척수자극기 삽입을 위한 세 차례의 수술을 받고 있었던지라 꼼짝도 하지 못한 채 병원 침대에 누워 있었다. 어버이날인데 부모님께 해 드릴 수 있는 것이 아무것도 없었다.

그날 엄마는 서른 살이 된 딸의 몸을 정성껏 씻겨 주셨다. 머리를 감겨 주고, 수건을 따뜻한 물에 적셔 온몸을 조심스레 닦아 주셨다. 따뜻한 물수건은 내 기분을 상쾌하게 만들었다. 하지만 엄마의 모습을 본 순간 숨이 턱 막혔다. 엄마가 나의 몸을 보고 마음 아파하고 있음이 고스란히 느껴졌다.

그 당시 내 몸은 수차례의 시술과 수술로 만신창이가 되어 있었다. 건드릴 수 있는 부위는 이마밖에 없을 정도였다. 그런 내 몸을 구석구석 살피며 조심스레 닦아야 했던 엄마의 마음이 어땠을까.

하지만 속상해한들 현실은 달라지지 않았다. 나 때문에 잠 한숨 편히 자지 못하고, 밥 한술 편히 뜨지 못했던 가족들의 삶을 예전으로 돌려놓고 싶었다. 어떻게든 긍정적으로 생각하며 열심히 치료받고, 회복을 위해 기도하며 노력할 수밖에 없었다.

한 아이를 키우려면 온 마을이 필요하다는 말이 있다. 한 명의 환자를 돌보기 위해 보호자인 가족은 물론, 그 가족을 지켜 주는 사람들이 필요했다. 감사하게도 나와 우리 가족을 위해 친척을 비롯한 수많은 지인들이 끊임없이 도움의 손길을 내밀어 주었다. 그 힘으로 우리 가족은 잔인했던 암흑 속에서 버틸 수 있었다.

새로운 봄, 꽃,

그리고 열매

하루가 하루처럼

지난 몇 년간 도무지 공감할 수 없는 말이 있었다.
"정신없이 하루가 지나갔네."
24시간 내내 통증에 시달리는 나에게 '하루'는 '일주일'처럼 길게 느껴졌다. 어떻게 시간이 이렇게 안 갈 수 있나 싶을 만큼 하루라는 시간이 지겹도록 길었다. 시간이 금세 흘러간다는 표현을 들을 때마다 신기하면서도 부러웠다.

마약성 진통제는 처방 가능한 용량이 정해져 있어 아무리 아파도 먹을 수 있는 양이 제한적이다. 한 번에 많이 먹었을 때의 위험성이 크다는 이유도 있다.
최대한 정해진 시간에 약을 먹기 위해 노력해야만 했다. 다음

약 먹을 시간만을 기다리며 시계를 보고 또 보았다. 하지만 1분도 쉽게 흘러가지 않았다. 머릿속으로 숫자를 세며 몇 초가 지났는지 반복해서 확인했다. '1, 2, 3, … 9, 10……' 또다시 '1, 2, 3, … 9, 10……' 1분이라는 시간을 흘려보내기 위해 매초를 힘겹게 버텨 내야 했다.

이 시간을 조금이라도 짧게 느끼기 위해 예능 프로그램 등과 같은 재미있는 영상을 보기도 했다. 하지만 입에 거즈를 물고 식은땀만 줄줄 흘리는 와중에 다른 것으로 관심을 돌리는 일은 쉽지 않았다. 드라마나 영화처럼 긴 시간 집중해서 영상을 보는 것은 아예 불가능했다.

분명 시간은 모든 사람에게 절대적으로 주어진 것인데 나의 시간만 몇 배로 느리게 흘러가는 것 같았다. '매일매일' 통증을 버텨 낸다는 표현은 내게 적합하지 않았다. 나는 하루를 보내기 위해 86,400초를 힘겹게 버텨 냈다.

나의 상태는 척수자극기 삽입 수술을 마친 몇 달 후인 2020년 가을부터 조금씩 달라졌다. 그전까지는 그 어떤 치료를 받아도 증상이 무섭도록 악화되기만 했다. 그런데 드디어 투병 이후 처음으로 '호전'이라는 단어가 머릿속에서 떠올랐다.

사실 호전 속도는 개미 눈곱만큼 아주 천천히 진행되었다. 조금 호전된 것 같다는 생각을 하는 순간, 기대에 잔뜩 부푼 나를 비웃기라도 하는 듯 순식간에 통증이 다시 악화되었다. 이런 상황은 계속해서 반복되었다.

악화될 때마다 지치고 불안했지만 흐릿한 빛이 비쳤던 그 순간을 떠올렸다. 그 빛을 더욱 밝고 선명하게 만들어야만 했다. 스스로를 다독이며 매일 같이 온 힘을 다해 치료와 재활운동에 박차를 가했다. 그렇게 더디게 흐르던 시간이 흐르고 흘러 투병 4년 차에 접어들었을 무렵 신기한 일이 벌어졌다. 나에게 주어진 하루가 24시간으로 느껴지는 날이 생기기 시작한 것이다. 하루가 일주일처럼 길고 지겨웠는데 하루가 하루처럼 느껴지다니……. 놀랍고 감사했다.

하루를 하루처럼 느끼게 된 이유에 대해 생각해 보았다. 그건 4년 만에 처음으로 밤에 '잠'이라는 것을 자는 날이 생겨났기 때문이었다.

투병 기간 중 밤은 가장 괴로운 시간대였다. 잠을 자기 위해 수십 개의 약을 먹어도 항상 통증이 잠을 이겼다. 그런데 수면시간이 5분에서 30분으로 늘어나더니 점차 1시간, 2시간이 넘도록 잠을 잘 수 있게 되었다. 그와 동시에 통증에 시달려서 제대로 하지 못했던 식사도 조금씩 제시간에 맞추어 할 수 있게 되었다. 이 단순한 '먹고', '자고'를 하기 위해 지난 몇 년간 목숨을 걸고 치료받

앗다. 일상생활을 영위할 수 있을 것이라는 기대는 차마 하지 못했던 지옥 같은 시간이었다. 그런데 포기하지 않고 싸워 내자 희망이 찾아왔다. 나에게 허락된 일상이 꿈만 같았다.

물론 다른 사람들이 보기엔 호전되었다고 기뻐하는 내 모습도 갈 길이 멀어 보였을 것이다. 하지만 나에게는 편히 숨을 쉬고, 사랑하는 가족들과 식탁에 앉아 식사하고, 비록 약을 먹어야 할지라도 밤에 잠을 잘 수 있는 생활이 선물이었다. 누군가에게는 당연한 그 일상이, 나에게도 당연했던 그 일상이 결코 당연하지 않았다는 것을 아프고 난 후에야 깨닫게 되었다.

사람답게 살고 싶었다. 단 1시간 만이라도 통증에서 벗어나고 싶었다.

허황된 꿈이라고 생각했지만 어느덧 가능성이 보이기 시작했다. 아프기 전의 모습으로 돌아가는 것은 너무 먼 여정이었기에 당장 오늘 하루만 버텨 낸다는 다짐으로 통증과 싸워 나갔다. 때로는 캄캄한 동굴 속에 갇혀 있는 것 같은 막막함이 찾아오기도 했다. 그럴 때면 치열한 나의 노력이 결코 헛되지 않을 거라는 믿음으로 담대히 나아갔다.

하루가 하루처럼 느껴지는 것. 그것은 내 몸이 호전되고 있음을 알려주는 신호탄이었다.

건강이 최고야?

사람들은 말한다.

"건강이 최고야. 건강을 잃으면 아무것도 할 수 없어!"

하지만 나는 이미 건강을 잃어 버렸다. 되찾을 가능성 또한 현저히 낮았다. 건강이 최고라는 말을 들을 때마다 '삶에서 가장 중요한 것을 잃어버린 채 살고 있다.'는 자괴감이 들었다.

몇몇 사람들은 나를 향해 '불쌍하다.'라고 말했다. 평생 단 한 번도 내가 불쌍하다고 생각해 본 적이 없었는데……. 그 말을 들을 때마다 꽤 당황스러웠다. 하지만 통증에 몇 년간 시달리다 보니 '나는 정말 불쌍하다.'는 생각이 들었다.

몸이 무너지니 마음도 함께 무너지기 시작했다. 끊임없는 자기연민으로 빠져들었다. 지극히 평범하게 주고받는 말들도 사사건

건 상처가 되었다. 아무리 내색하지 않으려고 애써도 뾰족하게 솟아 나오는 감정 표현 탓에 주변 사람들이 나의 기색을 살피며 눈치를 보는 일도 잦아졌다.

언제까지 이렇게 살 수 없다는 생각이 들었다. 인정할 부분은 인정하고, 내가 처한 특수한 상황을 받아들여야 했다.

'인간은 적응의 동물이다.'라는 말을 하며 종종 나에게 통증을 받아들이고 살아야 한다는 사람들이 있었다. 그 말을 들을 때마다 겉으로는 웃으며 수긍하는 척했지만 속으로는 답답함을 넘어 화가 치밀었다.

'과연 당신이 CRPS 통증을 하루라도 경험해 보면 그런 말을 할 수 있을까?'

하지만 투병 기간이 길어지면서 통증을 받아들여야 한다는 말의 뜻을 점차 이해하게 되었다. 정확히는 '적응'이 아니라 '더불어 사는 것'이었다. 사실 CRPS 통증에는 '적응'이라는 단어를 쓸 수 없다. 사람이라면 이 어마어마한 통증에 절대로 적응할 수 없다. 하지만 나는 CRPS라는 질병을 받아들이고, CRPS 통증과 더불어 사는 법을 깨우쳐 나가기 시작했다.

먼저 '건강'이라는 단어의 사전적 정의부터 찾아보았다.

"건강: 정신적으로나 육체적으로 아무 탈이 없고 튼튼함. 또는 그런 상태".

이 세상을 살아감에 있어 건강은 당연히 중요하다. 하지만 건강을 잃었더라도 행복하게 살아가는 사람의 모습을 보여주고 싶었다.

두 가지 측면으로 접근했다.

첫째, 마음의 건강을 지키기 위해 힘썼다.

투병 기간이 길어지자 마음 또한 위축되고 지쳐 갔다. 그동안 나의 능력에 대해 의심해 본 적이 없었는데 한계가 느껴졌다. 통증 악화가 반복되는 상황 속에서 마음은 갈대처럼 흔들렸다. 그럴수록 어두운 면을 보기보다 감사한 점을 찾고, 나는 행복한 사람이라고 입으로 소리 내어 고백했다. 때로는 마음의 건강만이라도 지켜야 한다는 강박에 휩싸이기도 했다. 그럴 때면 힘을 내야만 한다고 스스로를 몰아세우기보다 '충분히 잘하고 있다.'고 나 자신을 다독여 주었다.

행복은 주관적인 감정이다. 세상의 기준에서 아무런 부족함이 없는 사람일지라도 행복하지 않을 수 있고, 모든 사람이 안타깝게 여길 만한 상황의 사람이어도 행복할 수 있다. 나는 비록 중증 희귀 난치질환자로서 몸의 건강을 잃었지만 마음의 행복만큼은 충만했다.

무엇보다 기독교인으로서 영적인 건강을 지키기 위해 애썼다. 하나님과 건강하고도 친밀한 관계를 유지하기 위해, 말씀 앞에 바로 서고자 노력했다. 매일 밤 성경을 통독하고 기도 시간을 가졌다. 하나님을 향한 믿음이 통증의 정도에 따라 흔들리지 않고, 내 삶의 주권이 하나님께 있음을 변함없이 고백할 수 있도록 영적인 건강을 체크했다.

둘째, CRPS는 내 삶을 집어삼킨 것이 아니라 그저 건강에 흠집을 냈을 뿐이라고 생각했다.

이 시대를 살아가는 사람 중에 단 한 군데도 아프지 않은 사람은 없다. 희귀 난치병에 걸렸다고 해서 나 자신을 드라마 속 비련의 여주인공으로 만들 필요는 없었다. 삶을 살아가는 데 있어 어려움이 있을 수는 있지만 오히려 꾸준한 관리를 통해 더욱 건강하게 살 수 있는 기회라고 스스로 되뇌었다.

누군가는 이 모든 것을 두고 일종의 '정신 승리'라고 말할지도 모르겠지만 이러한 다짐은 점차 현실에서 실제적인 효과를 거두기 시작했다.

매일 내가 할 수 있는 것들을 찾아 나갔다. 하루에도 몇 번씩 널뛰는 통증에 마음도 함께 널뛰지 않도록 노력했다. 이를 위해 타고난 기질부터 바꾸어야 했다. 나는 변화를 받아들이기 어려워하는 성격이었지만, 통증에 따라 유연하게 대처할 수 있도록 마음을 내려놓는 연습을 했다. 반대로 타고난 기질을 활용하기도 했다. 나는 항상 계획과 목표를 설정하고 이를 달성하기 위해 전력을 다하는 사람이다. CRPS 투병 기간에도 크고 작은 목표를 세우고 발버둥치다 보니 아주 조금씩 목표에 가까워질 수 있게 되었다.

내가 의지가 강해서, 또는 특별한 사람이라서 할 수 있었던 것이 아니다. 나 역시 반복해서 절망감에 휩싸이고 넘어진다. 하지만 그 누구보다 나 자신을 사랑하고, 주어진 삶을 행복하게 살아가고 싶은 강력한 소망이 오늘도 나를 일으키고 있다. 더 나아가 하나님께서 나를 이 땅에 보내신 이유대로 사용하실 것을 믿는다.

내게는 잠시 넘어졌을지언정 주저앉지 않고 다시금 일어날 수 있는 힘이 있다.

그럼에도 '감사'

질병 때문에 곁에 있는 행복을 놓치고 싶지 않았다. 통증으로 다리 하나를 사용하지 못하지만, 그럼에도 불구하고 감사한 것들을 찾아 나가기 시작했다. 끝을 알 수 없는 깜깜한 터널의 한가운데에서도 감사의 이유는 넘쳐났다.

먼저 병원 투어를 하지 않았음에 감사했다. 단지 집과 가장 가까운 대학병원에 갔을 뿐인데 바로 그곳이 CRPS 환자들이 가장 많이 다니는 병원이었다. 덕분에 희귀병임에도 불구하고 비교적 많은 사례가 있어 믿고 치료받을 수 있었다.

내가 아프기 시작한 2018년에는 CRPS 진료 자체를 보지 않는 대학병원들이 더 많았다. 그런 상황 속에서 병원과 의료진을 찾아

헤매지 않고 바로 치료를 시작할 수 있었던 것은 엄청난 행운이었다. 또한 통증으로 움직이기 어려운 상황 속에서 여러 병원을 돌아다니지 않았으니 에너지를 최대한 아낄 수 있었다.

더불어 병원이 집과 가깝다는 사실에 감사했다. 덕분에 매일같이 병원에 가서 시술받고 주사 맞는 것에 대한 부담이 적었다. 주사 치료를 마치면 온몸이 지쳐 버린다. 하지만 그때마다 빠르게 집으로 돌아와 휴식을 취할 수 있었다. 치료의 횟수 또한 적극적으로 늘릴 수 있었다.

돌발통이 올 때면 응급실로 가야 했는데 이때만큼 병원이 가까운 것이 다행일 때가 없었다. 이외에도 위급한 상황이 발생할 때마다 동네 병원 가듯 대학병원에 갈 수 있다는 것은 정말 감사한 일이었다.

가장 적절한 때에 다양한 치료를 받을 수 있음에 감사했다. 다른 질병과 마찬가지로 CRPS 또한 치료 시기를 놓치면 안 된다. 대상포진 치료를 받았던 감염내과에서 통증이 지속될 경우 마취통증의학과에서 진료를 보라고 조언해 주셔서 바로 치료를 시작할 수 있었다.

빨리 치료를 시작한 덕분에 치료의 폭을 넓힐 수 있었다. 신경차단술을 다양한 방법으로 시도하고, 입원과 통원을 반복하며 재활 치료를 시행했다. 신경외과에서 호전의 첫걸음이 되어준 척수자극기 삽입술을 한 것도 신의 한 수였다.

진심을 다해 진료해 주시는 담당 교수님들을 만났음에 감사했다. 정말 다양한 진료과에서 치료를 받아야 했다. 마취통증의학과, 신경외과, 재활의학과, 정신건강의학과, 혈관외과, 소화기내과, 피부과 등 수많은 진료과의 협진이 끊이지 않았다. 모든 교수님들은 나의 '통증 호전'이라는 목표를 향해 함께 고민하고 힘써주셨다. 희귀병이라 정해진 치료법이 없는 상황 속에서도 다양한 방법을 모색해 주셨다.

CRPS 통증으로 극도로 예민한 상태였던 나를 언제나 따뜻하게 대해 주시는 병원 의료진분들과 직원분들을 만났음에 감사했다. 주사실 간호사 선생님들은 '우리는 친척보다 더 자주 보는 사이'라며 친근하게 대해 주셨다. 나의 표정만으로도 그날의 상태를 파악하실 수 있을 정도였다.

그중 내가 특별히 잊을 수 없는 간호사 선생님이 계신다. PICC를 삽입하고 있었던 2년여 동안 나는 매주 한 번씩 전문 간호사 선생님께 소독을 받아야 했는데 소독을 하는 10~20분 정도의 시간 동안 우리는 쉴 새 없이 이야기를 나누었다. 매주 쌓이는 시간만큼 우리의 친밀감도 깊어졌다. 하지만 PICC를 제거하고 난 뒤로는 만남의 기회가 좀처럼 생기지 않았다. 그러던 어느 날, 우연히 병원 1층 로비에서 간호사 선생님과 마주쳤다. 선생님은 나를 보자마자 양 볼을 감싸 안으시더니 그동안의 안부를 물으셨다. 이제는 모르핀도, 케타민도 맞지 않는다는 나의 대답을 들으신 선생님의 두 눈에 눈물이 차올랐다.

"소민아, 너무 잘 됐다. 정말 잘했어. 앞으로 더 좋아질 거야. 무조건 좋아질 거야."

분주한 병원 로비 한가운데서, 함께 이동 중이었던 동료들 사이에서, 선생님은 연신 나를 쓰다듬으시며 기쁨의 눈물을 흘리셨다.

나를 아껴 주셨던 건 의료진분들뿐만이 아니었다.

병원 창구 직원분들, 교통 정리해 주시는 직원분들, 그 외 병원 내 곳곳에서 도움을 주시는 직원분들까지 나의 안부를 물어봐 주셨다. 병원을 다녀오면 마치 고향에 다녀온 것처럼 통증으로 지쳐 있던 마음이 따뜻함으로 가득 채워졌다.

CRPS는 희귀 난치질환이라 산정특례 적용이 되지만 사실 비급여로 이루어지는 치료가 더 많다. 그래서 특히 환자가 가장일 경우, 집안 전체의 수입이 끊어지게 되어 가족 전체가 경제적 어려움을 겪게 된다. 가족을 위해 어떻게든 통증을 참으며 일하다가도 반복되는 병원 진료 등의 현실적인 이유로 결국 일을 그만두게 되는 경우를 숱하게 보았다. 하지만 나에게는 치료에만 전념할 수 있는 여건이 허락되어 감사했다. 모든 경제적 활동이 멈추었음에도, 가족들의 지원 덕분에 부족함 없이 치료를 받을 수 있었다. 가족들은 치료뿐 아니라 통증 호전에 도움이 된다면 무엇이든 아낌없이 지원해 주었다.

큰일을 겪고 나면 자연스럽게 인간관계가 정리된다는 말을 들은 적이 있다. 마치 추수 때 알곡과 가라지가 가려지는 것처럼 말이다. 하지만 내 곁에는 '왜 이렇게까지 잘해 줄까?' 하는 의문마저 들게 하는 많은 사람들이 있었다. 방문을 닫고 들어가 스스로 고립되어 있었음에도, 그들은 기어이 그 문을 열고 들어와 묵묵히 내 곁을 지켜 주었다.

가까운 지인들은 혹시 모를 나의 돌발통에 대비해 담당 교수님의 소견서를 가지고 있다. 그런데 위급상황을 대비한 이 소견서가 예상치 못한 감동의 통로가 되었다. 지인들은 몸은 물론 마음까지 번진 통증으로 침대를 벗어나지 못하는 나를 만나기 위해 소견서에 적힌 우리 집 주소로 찾아오기 시작했다. 현관에서의 짧은 만남을 위해, 그마저도 어려울 때는 그저 맛있는 음식과 선물만 놓고 가기 위해 오고 가는 수고를 마다하지 않았다.

생일이 다가올 때면 사람들과의 생일 파티는 꿈도 꾸지 못하는 나를 위해 생일 축하 동영상을 찍어 전송해 주는 친구들이 있었다. 극심한 고통 속에 욥처럼 '차라리 태어나지 않았더라면'이라고 생각한 날들도 있었다. 다음 생일에 나는 세상에 없을 거라고 생각하며 펑펑 눈물을 쏟은 생일도 있었다. 하지만 생일날만이라도 아프지 않았으면 좋겠다며 간절하게 나의 회복을 기도하는 그들이 있어 나는 앞으로 다가올 생일을 기대할 수 있게 되었다.

투병 초기, 많은 약물 때문에 기억이 흐릿해지는 것이 너무 두려웠다. 어느 날 나의 가장 친한 친구인 사촌 언니에게 물었다. 내가 어떤 모습이어도 내 곁에 있을 거냐고. 언니는 나를 붙잡고 한 마디 한 마디 진심을 담아 이야기했다.

"소민아, 나는 네가 치매에 걸려도 지금처럼 똑같이 너와 함께하며 삶을 이어갈 거야. 그건 당연한 거니까 너는 아무 걱정하지 말고 치료만 잘 받아."

세상에 당연한 것은 없다. 하지만 알곡 같은 나의 사람들은 내가 그들을 위해 아무것도 해 줄 수 없을 때조차 너무나도 당연한 듯 사랑을 베풀어 주었다. 어떤 순간에도 나를 가치 있는 사람으로 만들어 준 그들이 있었음에 진심으로 감사한다.

24시간 내내 밀려오는 통증 속에서 잠시나마 웃을 수 있는 순간이 필요했다. 좋아했던 것들을 되찾아 보려 했다. 웃음이 주는 힘을 믿었기 때문이다. 당장 오늘 하루를 버티며 살아야 하는 것이 현실이었지만 그 하루 속에서 행복의 순간을 만들어 가는 것은 나의 몫이었다.

  웃음을 되찾기 위해 취미를 갖기로 했다. 아프기 전 내가 했던 취미활동은 모두 활동적인 것뿐이었다. 운동을 좋아했고, 이곳저곳 돌아다니며 노는 것을 좋아했다. 하지만 통증 부위가 다른 곳도 아닌 '발'이었으니 기존의 취미활동은 전혀 할 수 없게 되었다.

  그렇다면 두 손을 사용하면 된다!

  통증이 있는 대부분의 시간을 침대에 누워 핸드폰을 보았다. 하지만 더 이상 '두 눈'을 사용하는 것에 머무르고 싶지 않았다. 나는 '두 손'을 사용하는 활동을 계속해서 찾아 나갔다. 마치 새로운 삶을 찾는 여정 같았다. 이제까지 단 한 번도 진득하게 앉아서 하는 취미를 가져 본 적이 없었으니 말이다.

  먼저 독서부터 시작했다. 읽고 싶었던 책을 전부 읽을 수 있는 기회라고 여겼다. 현실은 종이책 한 장도 쉽사리 넘길 수 없을 만큼 밀려오는 통증과의 싸움이었지만 포기하지 않고 좋아하는 분야의 책부터 읽어 나갔다. 추가로 뇌신경에 관한 책들을 읽으며 나의 통증을 이해해 보려고 애썼다.

  어린 시절 이후 처음으로 다시 퍼즐을 시작해 보았다. 통증으로 앉아 있지 못하는 상태일 때면 엄마가 내 아바타가 되어 주셨다. 침대에 누워 조각을 고르면 엄마는 내가 말한 위치에 퍼즐 조각을 놓으셨다. 1,000개의 조각이 모여 전체 그림이 완성되면 유액으로 굳혀 하나의 작품처럼 보관했다. 통증과 싸우며 만들어 낸 결과물을 보며 '난 좋아질 수 있다.'는 의지를 불태웠다.

뜨개질에도 도전해 보았다. 나를 잘 아는 사람이라면 깜짝 놀랄 만한 일이었다. 하지만 손으로 할 수 있는 활동이라면 모두 해 보자는 생각으로 시도했다. 결국 '도전'으로 끝나긴 했지만 그 덕분에 우리 집은 지금도 'hand by 소민' 수세미를 사용 중이다.

다양한 시도를 거쳐 나를 가장 행복하게 만들어 주고 설레게 하는 취미를 찾았다. 바로 레고이다. 타고난 공대생 기질을 가진 나에게 모든 것이 딱딱 맞추어 떨어지는 레고는 큰 흥미를 유발했다.

통증 때문에 하루에 최대 30분 정도 레고 조립을 할 수 있었다. 그 30분 동안 나는 누구보다 행복한 사람이었다. 수천 개의 부품이 모여 하나의 작품이 되는 여정은 신이 났다. 어떻게든 밀려오는 통증을 무시하고 더 열중하고 싶을 만큼 레고는 나에게 큰 즐거움을 주었다.

숨을 쉬고, 말을 하고, 두 눈을 통해 보고, 두 손과 두 발을 사용하는 등의 일상생활은 당연히 누리는 것이 아니었다. 수많은 신체 기관이 당연히 본래의 기능대로 작동할 것이라고 믿는 것도 교만이었다. 청년의 때에 건강하게, 하고 싶은 활동을 하며 사는 것은 결코 당연한 것이 아니었다.

하지만 두 발로 걷지 못한다 해서 좌절하고 있을 필요는 없었다. 아프기 전 두 발을 이용해 걸어 본 경험이 있다는 사실에 감사했다. 더구나 엘보 클러치와 휠체어를 이용해 움직일 수 있지 않은가!

나의 의지로 통증을 조절할 수 없지만, 나의 의지로 생각은 변화시킬 수 있었다.

다시 두 발로 걷기까지

통증이 시작된 이후 엘보 클러치가 나의 오른쪽 다리를 대신해 주었다. 한동안은 전동 휠체어를 사용해야 할 만큼 증상이 심각했기에 엘보 클러치를 이용해 움직일 수 있는 것만으로도 감사했다. 하지만 아프기 이전의 모습으로 되돌아가고 싶었다. 이것이 나에게 주어진 임무라 생각했다. 보조기의 도움 없이 온전히 두 발만으로 걷기 위해 계속해서 치료와 재활 훈련을 받았다.

아프기 시작한 지 꼬박 3년을 채우고, 4년 차에 접어들던 2021년 가을, 드디어 나는 다시 두 발로 걸을 수 있게 되었다. 휠체어에 타지 않고 당당히 두 발로 진료실에 걸어 들어가자 교수님은 깜짝 놀라셨다.

"소민아, 너 어떻게 걷는 거야! 정말 두 발로 걸을 수 있어? 휠체어에 안 타도 괜찮아?"

교수님은 두 발로 걷는 내 모습을 보시고 이게 무슨 일이냐며 놀라고 기뻐하셨다. CRPS 통증이 오른발로 찾아온 내가 두 발로 다시 걸을 수 있을 거라고는 그 누구도 기대하지 못했다. 나 또한 마찬가지였다.

현실적으로 내 상태를 따져 보았을 때 평생 휠체어를 타고 다닐 수도 있겠다는 판단을 내렸다. 하지만 정말 그렇게 살아가야 한다 할지라도, 내가 할 수 있는 것들을 포기하지 않고 해 나가기로 했다. 두 발로 다시 걷게 된 건 단 한순간에 일어난 기적이 아니었다. 매일 이를 악물고 진행한 치료와 재활로 희망의 조각들을 얻었고, 그 조각들이 모이고 모여 기적이 되었다.

CRPS 재활의 주된 목표는 '일상생활로의 복귀'이다. 이 목표를 달성하기 위해 필요한 전제조건은 바로 '통증 감소'였다. 통증 감소를 위해 치료받기 전은 물론이고, 생활 속의 모든 행동을 하기에 앞서 생각했다. '과연 이 행위가 통증 경감에 득이 될까? 실이 될까?'

아무도 가 보지 않은 길이었기에 세세하게 알아보고 충분히 고민한 후 결정했다. 때로는 득과 실의 차이가 0.1% 정도밖에 되지 않는 것 같을 때도 있었다. 하지만 일단 결정을 내린 뒤에는 그 결정을 후회하거나 뒤돌아보지 않고 매시간 전심을 다해 투병의 길을 걸어 나갔다.

결정을 내릴 때 가장 어려우면서도 중요했던 것은 '적정선'을 찾는 것이었다. 통증의 강도는 매일 조금씩 차이가 있다. 계절별로 큰 차이가 나타나기도 한다. 이렇게 계속 바뀌는 통증의 상태에 맞게 적정선을 찾아 가야 했다. 나 자신에 대해 너무 관대하게도, 너무 각박하게도 굴어선 안 된다. '통증 감소'라는 목표 하나만을 놓고 그 목표를 달성하기 위해 오늘 내가 어떻게 행동해야 할지를 결정했다. 이는 오롯이 환자 스스로 판단하고 결정해야 하는 영역이었기에 참 어려웠다.

통증이 악화되는 시기에는 악화를 최소한으로 막기 위해 몸을 보호했다. 비교적 통증이 잠잠한 시기에는 몸의 기능을 끌어올리기 위해 애썼다. 통증이 호전되는 시기에는 할 수 있는 활동의 범위를 늘리기 위해 조심스레 새로운 시도를 해 보기도 했다.

적정선을 찾기 위한 싸움은 약제 사용에서도 계속되었다. CRPS 환자에게 약물은 분명 필요하다. 하지만 결코 약물에 지배당해서는 안 된다. 환자 개개인에게 필요한 종류의 약이 필요한 용량만큼만 사용되도록 조절해야 한다.

나의 경우 통증이 악화되는 시기에는 적극적인 약 복용과 주사 치료를 통해 통증을 우선적으로 가라앉혔다. 통증이 잠잠한 시기에는 통증에 간접적인 영향을 주는 약[1]부터 줄여 보았다. 통증이 호전되는 시기에는 통증에 직접적인 영향을 주는 약[2]의 용량 또는 횟수를 줄이기 위해 시도했다. 목표한 대로 되지 않더라도 포기하거나 좌절하지 않으려 했다. 장기간 약을 복용해 왔으니 쉽지 않은 것이 당연하다고 생각하며 조급한 마음을 잠재웠다.

내가 CRPS에 걸렸다는 소식이 전해지자 여러 조언들이 마구 쏟아졌다. 하지만 그럴 때마다 자칭 타칭 '충신(忠臣)'이라 불리는 나의 특징을 십분 발휘했다. 나에게는 다량의 정보를 가려낼 능력이 없다고 판단하고, 전문가인 담당 의료진분들만을 신뢰했다. 그분들의 조언만큼은 꼭 지키려 했다.

담당 교수님은 하루 30분 이상의 유산소운동이 통증 감소에 도움이 된다고 말씀하셨다. 그 말씀에 따라 걷지 못하는 시기나 통증이 심한 날에는 집 안에서 실내 사이클을 탔다. 간혹 상태가 괜찮은 날이면 헬스장에 가거나 산책을 통해 '걷는 행위'를 지속적으로 훈련했다.

이러한 유산소운동을 할 수 없을 만큼 상태가 좋지 않으면 재활 치료에서 습득한 다양한 치료법을 집에서 진행했다. 그중에서도 자주 했던 것은 밸런스 보드 위에 서서 몸의 균형을 잡는 것이었다. 밸런스 보드에 서 있기 위해 집중하다 보면 자연스레 아픈

발에도 힘이 들어가고 어느 정도의 자극이 가해졌다. 밸런스 보드 위에 서 있는 것조차 힘들 때면 거울 치료를 진행했다.

이렇게 매일같이 나에게 맞는 '적정선'의 움직임을 찾아 나갔고 이를 시행했다. 통증이 심한 날에는 과감히 쉬었다. 그렇게 쉬고 있노라면 모든 노력이 물거품이 될 것 같아 무섭기도 했지만 마음을 다스리는 것도 내가 훈련해야 할 몫이라고 여겼다.

통증 상태가 호전되는 날이면 외부 활동을 조금씩 시도해 보았다. 감사하게도 항상 가족들이 곁을 지켜 주었기 때문에 가능한 일이었다. 집 밖으로 나가 동네로, 아빠 차를 타고 서울 시내로, 그다음은 서울 외곽 지역으로······. 차근차근 새로운 시도를 해 나갔다. 잠깐이나마 기분 전환을 하면 그것이 좋은 기억이 되어 힘든 날에도 버틸 수 있는 힘이 되어 주었다.

아직도 통증 때문에 오른발을 땅에 제대로 디디지 못하는 것이 나의 현실이다. 이로 인해 걸음걸이가 조금 엉성하다 보니 오른발에 아킬레스건염이 찾아오기도 하고, 왼발에 무게가 더 실려 여러 문제가 발생하기도 한다.

하지만 나는 오늘도 멈추지 않는다. 비록 끝이 보이지 않을지라도 아프기 전의 모습으로 되돌아가기 위해 끊임없이 몸부림치고 있다.

1) 간접적인 영향을 주는 약: 통증을 감소시키기 위해서는 다양한 약제가 사용된다. 그중 진통제는 아니지만 부가적인 효과로 통증을 감소시키는 약 등을 먼저 줄여 보았다.

2) 직접적인 영향을 주는 약: 진통제 및 신경통 완화에 직접적으로 사용되는 약제이다.

악순환을 끊어 내자

몸이 건강한 사람도 건강을 유지하기 위해 양질의 식사를 하고 몸에 좋은 생활 습관을 실천하며 살아간다. 반면 몸이 아프면 만사가 귀찮아진다. 밥을 먹기 힘드니 대충 먹거나 거르게 되고, 수면 사이클도 깨진다. 도리어 건강에서 더 멀어지게 하는 악순환이 시작되는 것이다. 이 악순환을 끊어 내야 했다.

'건강한 사람도 건강을 지키려 애쓰는데 환자인 나는 더 애써야 한다.'

이것이 내가 가지고 있는 투병 모토 중 하나이다. 당연한 말이지만 이 당연함을 지키는 것은 쉽지 않았다. 통증 호전에 직접적인 영향을 주는 치료에 매달리다 보면 그 외의 것들은 우선순위에서 늘 밀려나곤 했다.

병원에서 직접적인 치료를 받는다면 간접적인 치료의 영역은 환자가 주체적으로 챙겨야 한다. 건강을 되찾기 위해 생활 속에서 노력했던 부분을 크게 네 가지로 나누어 말해 보고자 한다.

1. 식사

아프기 전부터 나는 식욕이 없는 사람으로 유명했다. "하루 권장 칼로리를 대체할 수 있는 알약이 나왔으면 좋겠다."고 입버릇처럼 말했을 정도로 먹는 것 자체를 귀찮아했다. 건강을 되찾기 위해서 이런 모습은 바꿔야 했다.

몸이 아프면 입맛이 사라진다. 더욱이 CRPS 환자는 극심한 통증으로 몸이 최고조의 긴장 상태를 유지하고 있기 때문에 음식을 먹어도 몸이 흡수하지 못한다. 나 또한 식사 후 매번 소화제를 먹거나 바로 화장실로 향해야 했다.

약 부작용으로 식욕 저하를 비롯한 각종 증상이 나타나기도 한다. 매운 음식은 몇 년간 단 한입도 먹지 못했고, 예민해진 후각 탓에 못 먹는 음식들이 많아졌다. 침의 분비량마저 조절되지 않아 음식을 삼키는 것도 힘들었다. 여러 가지 이유로 점차 음식을 먹는 행위가 즐거움이 아닌 괴로움이 되어 버렸다. 병원에서 검사 등의 이유로 금식을 해야 한다고 하면 그렇게 좋을 수가 없었다.

매일 수십 개의 약은 먹으면서 정작 밥을 먹지 못하자 식사 시간마다 엄마와의 신경전이 벌어졌다. 엄마와 싸우지 않기 위해 자극적이지 않은 반찬과 함께 밥을 꾸역꾸역 씹어 삼켰다. 밥알이 모래알처럼 느껴져 밥알 하나하나를 세어 가며 억지로 밥 한 공기를 비워 냈다. (엄마의 표현을 빌리자면, 반의 반 공기도 아니었지만 말이다.)

건강한 사람들은 물론이고, 대부분의 환자들은 '식사'를 굉장히 중요하게 여긴다. 그런데 유독 통증 환자들 중에서 식사의 중요성에 대해 생각하는 분은 드물었다.

병원에서 CRPS 환우분들을 만나 식사하셨는지 물어보면 10명 중 9명은 먹지 못했다고 말씀하신다. 당장 통증을 가라앉히는 것에 집중하다 보니 먹는 것에 신경쓸 여력이 되지 않는 것이다. 환자가 건강 회복을 위해 노력해야 하는 것들은 많지만 기본 중의 기본은 '끼니를 챙기는 것'이라고 생각한다. 그나마 식사는 환자의 노력으로 해낼 수 있는 치료의 영역이다.

2. 수면

수면 시간 및 수면의 질은 통증에 직접적인 영향을 끼친다. 통증이 악화되는 시기에 수면 관리 어플을 활용해 살펴보면, 수면의 질이 확연히 떨어져 있음을 두 눈으로 확인할 수 있었다. 문제는 그 어떤 약으로도 통증을 누르지 못해 잠을 자지 못한다는 사실이다. 식사는 의지와 노력으로 어떻게든 해낼 수 있지만 수면은 전혀 다른 차원의 영역이었다.

아프기 이전 나의 스트레스 해소법 중 하나는 '잠자기'였을 만큼 잠자는 것을 좋아했고 수면과 관련한 어려움을 겪어 본 적이 없었다. 하지만 아프기 시작하자 '잠드는 법을 잊어버린 사람'이 되어 버렸다. 분명 몇 날 며칠 통증으로 잠을 못 자 졸린 상태인데도 약의 도움 없이는 짧은 낮잠마저 잘 수 없었다.

CRPS 환우들끼리 농담처럼 하는 말이 있다.

"잠은 죽어서나 자는 거야."

아무리 많은 약을 먹어도 통증 탓에 잠을 잘 수 없는 상황에서 서로를 위로하기 위한 말이다.

하지만 아무리 작은 것이라도 내가 할 수 있는 방법은 모조리 동원해 보기로 했다. 정해진 시간에 누워 몸을 이완시키는 스트레칭을 하고, 수면에 도움이 된다는 아로마 향을 베개에 뿌리고, 수면에 도움이 되는 음식과 영양제를 저녁 시간에 먹기도 했다. 통증 호전을 위해 수면 부족으로 인한 악순환을 끊어 내야만 했다.

감사하게도 통증이 조금씩 호전되기 시작하자 몇 년 만에 1시간, 2시간씩 '통잠'이라는 것을 다시 자기 시작했다.

3. 감정

만병의 근원이 스트레스라는 말에 누구나 동의할 것이다. 특히 CRPS 환자는 부정적인 감정을 느끼는 즉시 통증이 악화된다. 감정은 수면만큼이나 통증에 직접적인 영향을 끼친다. 통증이 악화되는 상황을 피하기 위해 매 순간 감정을 관리해야 했다. 나는 태생적으로 긍정적이지만 동시에 예민한 사람이다. 그래서 최대한 모든 상황에 무디게 반응하기 위해 스스로 되뇌었다. '그래. 그럴 수 있어.'

상황이 내가 예측했던 것과 다르게 흘러갈 때마다 이 말은 나를 진정시켜 주었다. 통증이 악화되어 불안이 엄습하기 시작하면 지금까지 버텨온 나 자신을 위로하며, 또 다시 잘 버텨 낼 수 있다고 스스로를 믿었다. 이러한 노력에도 불구하고 감정이 쉽사리 조절되지 않을 때면 약의 도움을 받았다. 매순간 평온한 상태를 유지하는 것을 최우선으로 했다.

질병에 대한 걱정은 기분을 가라앉게 하고 불안하게 만든다. 그리고 이런 부정적인 기분은 또다시 걱정을 불러일으켰다. 악순환의 굴레였다. 스스로를 하강 나선에 빠뜨리지 않기 위해 아직 일어나지 않은 일에 대해 미리 걱정하지 않으려 했다. 대비책이 필요하다면 빠르게 결정을 내린 후, 뒤돌아보지 않고 오늘을 살아가는 데 집중했다.

통증이 극심하여 병원과 집이 세상의 전부일 때는 환자라는 이유로 모든 이의 배려를 받는다. 그러니 감정 상할 일 또한 거의 발생하지 않는다. 하지만 증상이 호전됨과 동시에 상황은 달라진다. 조금씩 사회에 발을 들이고 다양한 사람들을 만나게 되면서 보통의 사람들이 겪는 어려움에 직면하게 된다.

내가 세상의 모든 사람을 사랑할 수 없듯, 모든 사람이 나를 사랑할 수 없다. 내가 나의 기준으로 다른 사람들을 바라보듯, 다른 사람들도 나를 각자의 판단 기준으로 바라본다. 내가 환자라는 이유로 그들이 나의 입맛대로 움직여야 할 이유가 없다. 내게 중요한 것은 단 하나, 그들로 인해 나의 감정이 상하지 않는 것이었다.

온유한 감정을 유지하기 위해 노력했다. 내가 사랑할 수 있는 사람을 사랑하는 것은 누구나 할 수 있다. 사랑할 수 없는 사람을 사랑으로 대하는 것, 그것이 온전한 하나님의 사랑일 것이다. 하나님이 나를 긍휼하게 바라보신 것처럼 나 또한 다른 사람들을 긍휼한 시선으로 바라보려 애썼다. 이는 하나님 닮기를 소망하는 마음에서 시작된 것이었지만, 나의 건강을 위해서라도 반드시 가져야 하는 태도였다.

4. 기타 생활영역

CRPS는 교감 신경계가 비이상적으로 흥분되어 있는 질병이기 때문에 교감신경을 자극하는 행위는 가급적 피한다. 예를 들어 나는 매운 음식을 잘 먹지 않는데, 이는 매운 음식이 교감신경을 자극하여 통증을 악화시키기 때문이다. 카페인을 섭취하지 않는 것도 마찬가지 이유에서이다. 하지만 이와 반대로 부교감신경을 자극하기 위해 몸을 이완시킬 수 있는 스트레칭 등을 생활 속에서 꾸준히 실천하고 있다.

이 외에도 꼭 지키는 생활 습관들이 있다.

통증 완화에 도움이 된다고 알려진 마그네슘과 비타민C를 고용량으로 꼬박꼬박 복용한다. 또 병원에서 처방받은 영양제 외에는 최대한 음식으로 영양분을 섭취하려고 노력한다.

매일 아침 기상하면 몸을 따뜻하게 만들기 위해 온수 두 잔을 마신다. CRPS 통증 부위의 체온은 다른 부위에 비해 2~3도 정도 떨어져 있기 때문이다. 사실 이러한 습관이 통증 호전에 실제적인 효과가 있는지는 전혀 밝혀진 바 없다. 다만 나는 투병 과정에서 항상 '득과 실'을 따지며 행동을 결정했다. 아침에 일어나서 따뜻한 물을 마시는 것은 나에게 '실'이 되는 부분이 없었다. 통증 호전이라는 효과와는 별개로 나에게 '득'이 되는 좋은 습관이라 판단했기 때문에 지금도 꾸준히 실천하고 있다.

투병생활에 있어 중요한 것은 '지속성'이다. 다양한 것들을 시도하며 자신의 몸에 맞는 습관을 찾는 과정도 중요하지만 무엇이든 꾸준하게 해 나가야 한다. 거창하지 않더라도 환자 본인에게 맞는, '득'이 되는 생활 습관을 찾아야 한다.

10분의 기적

부모님은 서울의 한 교회 청년부에서 만나 결혼하셨다. 두 분은 언제나 믿음 위에 가정 세우기를 소망하셨고, 가정예배를 꾸준히 드리기 원하셨다. 하지만 나와 동생은 가족끼리 앉아 예배드리는 그 시간이 너무나도 어색했다. 결국 몇 차례의 시도 끝에 각자의 생활이 바빠지면서 우리의 가정예배는 흐지부지되었다.

아프기 시작하며 예배에 참석할 수 없었다. 집 안에서의 거동조차 힘들 때였으니 교회까지 이동하는 것은 꿈도 꿀 수 없었지만 내 마음은 예배에 대한 갈망으로 가득했다.

그러던 와중 아빠가 가정예배를 제안하셨다. 우리 가정의 주인 되시는 하나님과 함께 이 어려운 시기를 헤쳐 나가야 한다고 말씀하셨다. 수많은 치료에도 나날이 악화되는 나의 상태는 우리 가족이 절망하기에 더없이 충분했다. 하지만 우리는 하나님을 붙잡으며 마음을 다잡기로 했다.

가족이 함께 모일 수 있는 시간은 저녁이었다. 그러나 해가 지면 통증이 더 심해졌기 때문에 예배는 '10분'이라는 짧은 시간 동안만 드릴 수 있었다. 가정예배를 시작할 때마다 우리는 함께 찬송가 471장 '주여 나의 병든 몸을' 찬양을 개사해서 불렀다.

주여 소민이의 병든 몸을 지금 고쳐 주소서
모든 병을 고쳐 주마 주 약속하셨네
내가 지금 굳게 믿고 주님 앞에 구하오니
주여 크신 권능으로 곧 고쳐 주소서 아멘

찬양을 부를 때마다 눈물이 흘러내렸다. 하나님께서는 모든 병을 고쳐 주겠다고 약속하셨고, 나는 그 약속을 믿는다는 고백을 통해 하루 종일 통증을 버텨 내며 지쳤던 마음이 위로를 받았다.

기도는 믿고 구하는 것이라고 배웠다. 현실적으로 보았을 때 나는 기적이 찾아와야만, 아니 기적이 찾아오더라도 아프기 이전으로는 회복될 수 없는 상태였다. 그러나 우리는 치유의 하나님을 믿고 기도했다.

통증이 심해져 예배 장소인 안방까지도 가기 힘든 날이면 부모님이 내 방으로 오셨다. 통증으로 몸을 가누지 못하면 거의 누운 듯한 자세로 예배를 드렸다. 모양새는 중요하지 않았다. 하지만 나는 하나님 앞에 '영과 진리로' 예배드리기 위해 힘썼다. 어떻게든 예배의 시간을 지키기 위해 노력했고, 다른 무엇보다 예배드리는 것을 우선순위에 두었다. 좋지 않은 감정이 들었던 날에는 예배에 집중하기 위해 먼저 그 감정을 해결하고 예배에 임했다.

매일 저녁마다 드리는 예배에서 우리 가족은 힘겨웠던 하루를 지켜 주신 하나님께 감사하고, 그날 밤 무사히 잠잘 수 있길 기도했다. 또 지금 이 순간에도 통증으로 고통받고 있는 CRPS 환우들과 그 가족들을 위해 기도하고 또 기도했다.

생각해 보면 누구 하나 첫째 딸로서의 짐을 지운 적이 없었지만 나는 스스로 'K-장녀'의 무게를 지니고 성장했다. 부모님에게 자랑스러운 딸, 동생에게 부끄럽지 않은 누나가 되기 위해 노력했다.

대학생 시절 한번은 술에 잔뜩 취해 집에 들어와 엄마 앞에서 울며 서러움을 토로했다.

"엄마가 첫째 딸의 무게를 알아? 내가 항상 모든 것을 잘 해내야 하는 부담감을 지고 얼마나 힘들었는데……. 나도 힘들 때는 힘들다고 이야기하고 싶어! 왜 나는 혼자 전부 감당하며 살아가야 하는 거야!"

나는 힘든 일을 내색하지 않고 홀로 그 짐을 감당하는 편이었다. 내가 가진 어려움을 누군가에게 이야기하고 도움을 요청하기보다 감정을 스스로 삭이고 혼자 극복해 나가는 것이 더 편했다. 구구절절 이야기해서 해결될 일이라면 그렇게 하겠지만, 그런 것은 불필요한 감정 소모 같았다.

가족과의 관계에서도 마찬가지였다. 나는 부모님께 힘이 되고 남동생에게는 도움이 되는 존재여야 한다고 생각했다. 가족들에게마저 연약함을 드러내기 싫었다.

CRPS 투병 중에도 마찬가지였다. 최대한 버틸 수 있는 만큼 혼자 버텨 냈다. 병원 진료를 보러 갈 때도 혼자 다니는 것이 더 편하다고 느꼈다. 하지만 점차 시간이 지날수록 깊은 내면에서는 누군가에게 기대고 싶은 마음이 커져 갔다.

이런 나에게 가정예배는 '가족이란 서로의 짐을 나누어 지는 관계'임을 깨닫게 해 주었다. 매일의 삶과 기도 제목들을 나누면서 술기운을 빌리지 않고서도 나의 마음을 말할 수 있게 되었다. 투병을 하며 겪는 어려움과 매일 달라지는 생각들을 가족들에게 공유할 수 있게 된 것이다.

그 덕분에 희귀병 투병이라는 외로운 여정을 포기하지 않을 수 있었다. 물리적으로도, 심리적으로도 내 곁을 항상 지켜 주고 있는 가족 공동체가 있다는 사실이 마음 깊이 각인되었기 때문이다.

가정예배는 하나님께 드리는 감사와 간구의 시간이었을 뿐만 아니라 내가 스스로 짊어지고 있던 짐을 내려놓고, 짐의 무게로 상처 입었던 과거의 마음까지 치유받을 수 있는 시간이었다.

우리 가족은 하나님 앞에, 또 서로 앞에 부끄럽지 않은 모습으로 가정예배에 임하기 위해 자신의 삶을 바로 세워 나갔다. 말씀대로 살아가는 것이 무엇인지 깨닫기 위해 함께 말씀을 읽으며 그 말씀에 대해 대화를 나누었다.

모두가 성인으로서 각자의 삶을 살아가는 중에도 우리가 여전히 하나의, 끈끈한 공동체로 묶여 있게 된 것은 나의 질병 덕분이라고 감히 고백한다. 질병은 우리 가족에게서 웃음을 앗아가기도 했지만 하나님께서 우리 네 사람을 왜 하나의 가족으로 묶으셨는지를 분명히 깨닫게 해 주었다. 우리는 하나님을 가정의 주인으로 고백하며 끝이 보이지 않는 상황 속에서도 서로를 더욱 단단히 붙잡고 살아가고 있다.

하루 24시간 중 단 10분이라는 짧은 시간. 그 시간은 우리 가족을 살리는 시간이 되었다.

서로를 가장 잘 알고, 서로를 가장 사랑하는 사람들과 함께 기도하며 예배할 수 있는 것은 내가 받은 가장 큰 복이다.

엄마의 고백

통증이 계속 악화되는 나날 속에서 때로는 건강 관리를 제대로 하지 못한 소민이가 원망스러웠다. 하지만 그보다 엄마가 되어 딸을 그 고통에서 꺼내 주지 못하고 꼼꼼히 챙겨 주지 못하는 나 자신이 더 밉고 창피스러웠다.

마음이 한없이 무너져 내렸던 어느 날은 하나님의 살아계심마저 의심하게 되었다. 오른발의 수포가 터져 세균이 신경으로 들어가는 지독히도 운 없는 일이 왜 우리 딸에게 일어나게 된 것인지. 하나님은 모든 것을 주관하시는 분이라면서 왜 이런 일이 일어나도록 두셨던 것인지. 우리가 전도해야 할 양가의 형제자매들도 많은데 왜 하나님을 믿는 우리 가족이 이런 고난을 겪게 하시는 것인지. 낙심되고 눈물만 흘러 교회에 출석하지 못할 때도 많았다. 차라리 코로나로 온라인예배를 드릴 수 있는 것이 다행이라 여겨질 정도였다.

"하나님, 제 딸이 이리도 아픈데 대체 어찌된 일입니까……"
어느날 하나님께 탄식을 쏟으며 기도할 때 내 마음에 하나님의 음성이 들려 왔다.
"나는 너를 살리려 하나밖에 없는 내 아들을 십자가에 못 박았다."

날 향한 하나님의 사랑을 다시 한번 깨닫게 된 순간이었다.

이 큰 아픔을 겪게 하셨으니 이제 아프고 힘든 사람들을 더 잘 이해할 수 있을 것이다. 그리고 그들에게 도움이 되는 일을 더 잘 찾을 수 있을 것이다. 원망이 아닌 감사로, 눈물이 아닌 기쁨으로 하나님께 쓰임받는 소민이와 우리 가족이 될 것을 믿는다.

불가능은 없다

CRPS 투병을 시작하며 많은 것을 잃었다. 그중 다시는 내가 하지 못할 것이라 생각했던 네 가지가 있다.

운전.
드럼.
자전거.
수영.

모두 나를 웃게 만들어 준 활동이었다. 그 행복을 다시는 누리지 못할 것 같은 현실을 마주할 때마다 채워지지 않는 공허함이 찾아왔다.

통증으로 걷지도 못하는 신세가 되었으면서, 평생 하지 못한다 해도 큰 문제가 되지 않을 이 네 가지의 활동이 그렇게 하고 싶었다. '안 하는 것'과 '못 하는 것'의 차이란 엄청난 것이었다.

1. 운전

나의 통증 부위는 오른발이다. 그리고 운전에서 오른발을 움직이는 것은 필수적인 행위이다.

운전이 불가능한 이유는 크게 두 가지였다.

첫째, 오른발은 이미 강직이 진행되어 액셀과 브레이크 페달을 세밀하게 조작할 수 없었다. 게다가 통증이 심해지면 경련까지 찾아왔다.

둘째, 페달을 밟고 있는 동안 미세하게 전해지는 진동조차 내게는 통증으로 다가왔다.

왼발 또는 두 손을 이용하여 운전할 수 있는 장애인용 차량을 고민해 보았다. 하지만 CRPS로 장애 인정을 받기란 하늘의 별 따기 수준이라 불가능했다.

일주일에 4~5번은 대학병원에 가야 했는데 집과 병원이 가까운 탓에 오히려 택시가 잘 잡히지 않았다. 통증으로 몇 발짝 걷기도 힘든 상황에서 집 밖으로 나가 택시를 잡을 수도 없었다. 언제 병원에 가야 할지 모르는 나를 위해 평생 부모님이 24시간 대기하고 계실 수도 없는 노릇이었다.

'운전'의 필요성을 느끼기 시작했다. 집에서 병원까지 10분이 채 걸리지 않는 거리였기에 도전해 볼 만하다는 판단을 내렸다.

2020년 9월, 조심스레 운전 연수를 다시 받기 시작했다. 도로 위의 폭탄이 되어서는 안 되기 때문에 강사님의 지도를 받으며 내가 운전이 가능한지의 여부를 가늠해 보았다. 몸에 무리가 되지 않는 선에서 반복해서 연습했다.

드디어 스스로 운전하여 병원에 도착한 날, 교수님께 '내가 직접 운전해서 병원에 왔다.'고 큰 소리로 자랑했다. 그러자 교수님은 정말 축하하지만 이제 할 수 있다는 사실을 알았으니 더 이상 하지 않는 것이 좋겠다고 말씀하셨다. 가벼운 접촉사고로도 통증이 온몸으로 퍼질 수 있고, 몸 안에 기계가 들어 있으니 위험하다는 이유였다.

교수님 말씀이 백번 옳았지만 아프기 이전의 모습으로 돌아가고 싶은 욕구가 너무나도 컸다. 어렵게 되찾은 것을 다시 놓치고 싶지 않았다. 택시를 애타게 기다리지 않아도 되고, 가족의 도움 없이 혼자 병원에 다닐 수 있다는 사실만으로도 너무 행복했다. 되찾은 이 행복을 이어 가기 위해 모두에게 걱정을 끼치지 않을 만큼 호전되어야만 했다.

안전하게 운전하기 위해 발의 강직을 풀어 주는 재활 치료에 집중했다. 오른발의 발가락, 발등, 발목 등 모든 부위가 세밀하게 움직일 수 있도록 더 높은 강도로 재활 운동을 진행했다. 페달을 밟고 있는 동안 찾아오는 진동까지 버텨 낼 수 있도록 자극 훈련 또한 병행했다.

하고 싶은 일이 있다는 사실은 나에게 좋은 자극제가 되어 주었다.

2. 드럼

드럼은 대학생 시절 가장 열심히 했던 취미활동이다. 학교 중앙 락밴드 동아리에서 활동하며 대학생활 대부분을 밴드 연습과 공연으로 채웠다. 몇몇 교수님은 나를 향해 "소민이는 드럼 치러 대학교 들어왔니?"라고 뼈 있는 농담을 하시기도 했다. 드럼은 취미를 넘어 열정 넘쳤던 나의 대학생활 전체가 담겨 있는 것이었다.

드럼은 오른발을 끊임없이 움직이며 페달을 밟아야 하는 악기이다. 드럼 연주를 평생 하지 못할 것이라고 판단한 이유는 운전과 유사했다. 그에 더하여 페달을 밟을 때마다 찾아오는 진동이 엄청났기에 다시 드럼을 치는 내 모습은 꿈조차 꿀 수 없었다.

발을 사용하지 않는 악기로 드럼에 대한 갈망을 채워 보고자 했다. 어릴 때부터 배웠던 피아노와 바이올린 등 다양한 악기를 연주해 보았지만 채워지지 않는 부분이 존재했다.

2021년 3월, 드럼 학원을 찾아가 나의 상황을 말씀드리고 조심스레 다시 드럼 앞에 앉았다. 연주를 목표로 했다기보다는 하나의 재활 훈련 정도로 생각했다. 아주 조금씩 발로 페달을 밟는 강도를 올려 나갔다. 원하는 대로 발이 움직여 주지 않았고, 예전처럼 빠르고 파워풀한 음악을 연주할 수는 없었지만 다시 드럼 앞에 앉은 것만으로도 꿈만 같았다.

조금씩 다시 드럼 연주에 적응할 무렵, 내가 기독교인임을 아신 선생님께서는 이 찬양이 떠오른다며 틀어 주셨다.

나의 약함은 나의 자랑이요
나의 실패는 나의 간증이요
나의 아픔은 나의 영광이니
_ 브라운워십, <나의 약함은 나의 자랑이요> 중

찬양에 맞추어 드럼을 치는데 눈물방울이 떨어졌다. 다시 드럼을, 그것도 나의 상황을 고백하는 듯한 찬양에 맞추어 연주할 수 있음에 대한 감격과 감사가 담긴 눈물이었다.

결론적으로 드럼 연주는 몇 달간의 수업을 끝으로 멈추어야 했다. 연주하는 동안 찾아오는 강한 진동으로 통증이 야기됐고, 그렇게 한번 악화된 통증은 쉽사리 떨어지지 않았기 때문이다. 그러나 '아프지만 내가 드럼을 칠 수 있구나!'라고 스스로 인지하게 된 것만으로 마음속의 응어리가 풀렸다.

3. 자전거

한강에서 자전거를 타는 것은 나의 스트레스 해소법 중 하나였다. 탁 트인 한강에서 시원한 바람을 만끽하며 라이딩을 하고 나면 가슴이 뻥 뚫리는 기분이었다. 하지만 나에게 행복감을 주던 그 시원한 바람이 이제는 통증이 되고 말았다. 평지의 미세한 요철도 통증으로 다가오는 상황 속에서 자전거를 타는 것은 포기할 수밖에 없었다. 게다가 혹여 누군가와 부딪히거나 급정거를 해야 하는 끔찍한 상황이 발생할 가능성도 있었다.

CRPS 재활에서 가장 기본적인 유산소운동은 실내 사이클이다. 매일 같이 집과 재활 치료실에서 실내 사이클을 타며 한강에서 자전거를 타는 내 모습을 상상했다. 아무리 아픈 날이라도 이를 악물고 페달을 밟고 또 밟았다. 한강에서 자전거를 타지 못할지언정 그만큼의 체력이라도 기르겠다는 다짐으로 짧게는 10분에서 길게는 1시간까지 매일 땀과 눈물을 흘려 가며 운동했다.

꿈은 이루어진다.

2022년 6월, 나는 다시 자전거를 타고 한강에 나갔다. 아프기 시작한 후 가장 행복했던 날 중 하루였다. 감격, 감동, 기적……. 그 어떤 단어로도 형용할 수 없는 충만한 감정이었다.

집에서부터 잠실대교까지 왕복 32km의 거리를 자전거로 달렸다. 잠실대교에서 집으로 돌아오는 길에 이 기쁜 소식을 주위 사람들에게 알리며 행복한 눈물을 흘렸다. 그리고 그렇게 시작된 눈물은 마치 한풀이라도 하듯 펑펑 쏟아지기 시작했다. 한참을 멈출 수 없었다.

나를 포함한 그 누구도 기대하거나 상상하지 못한 순간이었다. 행복과 감사가 넘쳐흘렀다. 처절하게 투병하고 재활했던 지난 몇 년간의 시간들이 머릿속에 생생하게 떠올랐다. 이 순간을 위해 지옥보다 더 지옥 같은 통증을 버텨 왔다. 버티는 것에서 멈추지 않고 누구보다 독하게 이를 악물고 재활 치료에 임했다. 환자로서 단 하루도 허투루 보내지 않았다고 자부할 수 있는 그 시간들이 바로 지금의 이 순간을 만들어 낸 것이다.

자전거를 타고 집에 돌아오며 고백했다.

"이 모든 일을 가능하게 하신 하나님을 찬양합니다. 할렐루야!"

4. 수영

나는 유난히 운동을 좋아하는 사람이다. 그중 수영은 가장 꾸준히 했던 운동 중 하나였다. 물속에서 땀을 흘리며 수영할 때의 쾌감을 즐겼다. 하지만 지금의 나는 샤워기의 물이 몸에 닿는 것도 통증으로 느끼는 CRPS 환자다. 그럼에도 분명 언젠가 다시 수영하게 될 날을 상상하며 물을 통증으로 느끼지 않기 위해 꾸준히 수중 재활을 시도했다.

통증 부위인 발은 살이 붓고 터지며 발톱이 깨져 있다. 만약 터진 피부 사이로 감염이 발생하면 감당할 수 없는 일이 벌어지게 된다. 결국 지금까지도 수영은 시도하지 못했다. 득과 실을 따졌을 때 감당해야 할 위험부담이 너무 크다는 결론에 이르렀기 때문이다. 하지만 피부가 온전해지는 그날, 자유롭게 수영하는 모습을 떠올리며 물을 통증으로 느끼지 않을 때까지 계속 노력해 나갈 것이다.

나의 한계를 스스로 정할 필요는 없다.

네 가지 중 수영을 제외한 운전, 드럼, 자전거 세 가지의 활동을 다시 해낼 수 있게 되었다. CRPS로 인해 절대 할 수 없을 거라고 생각했던 이 일들을 해내며 내 앞에 놓인 견고한 장벽을 깨부수는 감동을 맛보았다.

포기하지 않는 자에게 기적은 일어나고 있다.

마른 나뭇가지에서도   꽃이 핀다

WAY MAKER

사람들은 말했다. 왜 소민이네처럼 하나님을 잘 믿고, 신앙생활도 열심히 하며, 착하디착한 집에 이런 병이 찾아온 거냐고······.

할말이 없었다. 수많은 질병 중에서도 왜 하필 '저주받은 질병'이라고 불리는 CRPS에 걸린 것일까. 기독교인에게 저주라니! 나 자신이 하나님의 영광을 가리는 오점이 되어 버린 것만 같았다.

투병하는 동안 매일 히즈윌의 <광야를 지나며> 찬양을 들으며 하염없이 눈물을 흘렸다. 내가 처해 있는 곳이 깊고 어두워 어디도 기댈 곳 하나 없는 광야였다. 이스라엘 백성에게는 '가나안'이라는 소망이 있었고, '40년'이라는 기한도 있었지만 나에겐 아무것도 없었다.

CRPS는 부정적인 감정을 느끼면 통증이 악화된다. 울며불며, 때론 악을 써 가며 하나님 앞에서 기도하고 싶었다. 하지만 울고 소리를 지르며 감정을 토해 내는 것조차 통증 악화의 요인이 되어 버리는 현실이라니. 더 이상 기도할 힘조차 남아 있지 않았다.

하지만 하나님은 나를 위해 기도하는 사람들을 끊임없이 곁에 붙여 주셨다. 많은 지인들과 교회의 교역자분들은 물론 얼굴도 이름도 모르는 성도님들까지 나의 호전을 위해 매일 눈물로 기도해 주셨다. 내가 나를 포기했음에도 나를 포기하지 않는 사람들 덕분에 하나님과의 관계를 놓지 않을 수 있었다.

병원에 입원해 있는 동안 휠체어를 탈 수 있을 만큼의 힘만 있다면 꼭 기도실로 내려가 기도했다. 하나님은 결코 쉬지 않으시고 나를 위해 일하고 계신다는 것을 믿었다. 하지만 믿음과 현실은 달랐다.

2020년 연말, 가만히 앉아 성경을 읽는 것조차 할 수 없는 상황을 도무지 받아들일 수 없어 절규에 가까운 기도를 하며 떼를 썼다.

"하나님, 저 2021년 한 해 동안 하루도 빠짐없이 성경 통독하게 해 주세요. 제가 질병과 싸워 내려면 하나님 말씀이 필요하잖아요. 그만 아프게 해 달라고도 안 할게요. 그냥 제가 매일 버텨 낼 수 있도록 하나님 말씀만이라도 읽게 해 주세요."

이 기도 안에는 하루에 단 30분이라도 앉아 있을 수 있기를, 단 1년만이라도 큰 사건 사고와 응급 상황이 벌어지지 않기를 바라는 간절하고도 처절한 마음이 담겨 있었다. 사실 기도하면서도 하나님의 응답을 기대하지 않았다. 일어나 앉는 것도, 성경을 펼쳐 책장을 넘기는 것도, 무언가에 집중하는 것도 어려운 상황 속에서 성경 통독이라니!

하지만 하나님은 상황을 뛰어넘어 역사하시는 분이었다. 나는 2021년 한 해 동안 단 하루도 빠짐없이 성경을 읽었고, 성경 1독을 달성했다. 의심으로 가득찬 기도였지만 하나님은 응답하셨다.

병원에 입원했을 때의 가장 큰 장점은 마음 편히 예배드릴 수 있다는 사실이다. 매 주일 병원 내에서 열리는 예배에 참석하기 위해 휠체어를 타고 예배 장소로 갔다. 그러다 통증이 심해지면 곧바로 안전하게 병실로 올라가 주사를 맞곤 했다.

하지만 집에서는 상황이 달랐다. 주일예배에 참석하기 위해 모든 치료 일정은 물론 컨디션까지 조절했다. 그렇게 모든 초점을 예배에 두고 애썼음에도 불구하고 예배 도중 찾아오는 돌발통으로 몇 번이나 응급실에 실려 갔다.

도대체 하나님은 무슨 생각을 하고 계신지 알 수 없었다. 다른 것도 아니고, 예배를 드리겠다는데. 모든 것을 하실 수 있는 전능하신 하나님이 왜 고작 한 시간 동안의 통증도 잠재워 주지 않으시는 건지 이해할 수 없었다.

"하나님! 제가 나쁜 짓 하겠다는 것도 아니고, 제 욕망을 채우기 위해서도 아니잖아요. 하나님께 예배드리고 싶어요. 딱 한 시간! 예배 시간만이라도 버틸 수 있게 해 주세요."

하나님은 아주 조금씩 나의 몸을 회복시켜 주셨다. 나는 점차 예배 시간 동안 영과 진리로, 오직 하나님께만 집중할 수 있게 되었다. 하루아침에 기적처럼 모든 상황이 달라진 것은 아니었지만 '어느새' 나는 기도한 대로 매일 말씀을 읽을 수 있게 되었고, 매 주일 응급 상황 없이 예배의 자리를 지킬 수 있었다.

그러나 나에게는 한 가지의 소망이 더 남아 있었다. 바로 다른 성도들처럼 자리에서 일어나 마음껏 찬양하는 것이었다.

2022년 초여름, 용기를 내어 찬양 시간에 일어나 보았다. 일어나 있었던 시간은 20분이 채 되지 않는데도 내 몸에서는 땀이 비 오듯 쏟아져 옷이 다 젖어 버렸다. 하지만 매 주일마다 포기하지 않고 일어나 찬양했다. 손뼉을 치면 몸에 진동이 가해져 통증이 심해졌지만 계속해서 손뼉 치며 찬양했다. 옷이 벗겨지는 줄도 모른 채 춤을 추며 하나님을 기뻐했던 다윗처럼 찬양하고 싶었다. 그리고 '어느새' 나는 예배 시간마다 일어나 손뼉 치며 하나님을 찬양하고 있었다.

투병 기간 내내 하나님은 나에게 '어느새'의 은혜를 부어 주셨다. 내일이 영영 오지 않을 것 같은 날들이었지만 '어느새' 이루어진 기도의 응답들을 확인할 수 있었다. 그리고 '어느새' 나는 하나님과 친밀한 사랑의 관계를 맺어갈 수 있었다.

모태 신앙으로 자란 나는 하나님의 존재를 부인한 적이 없다. 신의 존재를 부정하는 많은 의견들이 있지만 하나님에 대한 나의 믿음은 확고했다. 그래서 이 병을 얻었을 때 더 괴로웠다.

최선을 다해 달려왔다. 한순간도 후회가 남지 않을 만큼 열심히 살았던 이유는 하나님이 주신 시간을 허투루 쓰고 싶지 않았기 때문이었다. 하나님이 사용하실 적기에 내가 준비되어 있길 원했다. 모두가 주목하는 자리에 마침내 올라서서 하나님의 이름을 알리며 하나님께 영광 돌리고 싶었다.

하지만 어느 순간 나의 모든 노력과 일구었던 모든 성취가 물거품처럼 사라졌다. 나는 그때 하나님이 두려워졌다. 그 두려움은 감히 범접할 수 없는 하나님에 대해 피조물로서 느끼는 경외감과는 다른 것이었다. 하나님이 나의 소중한 것을 언제든 앗아갈 수 있는 분이라는 사실에 대한 두려움이었다.

그것은 나의 오만함이 빚어낸 오해였다. 이전에는 하나님이 나를 사랑하신다면 내가 원하는 계획과 방식대로 움직여 주셔야 한다고 생각했다. 병에 걸린 후에는 하나님이 정말 전능하신 분이라면 나를 이 병에서 눈 깜짝할 사이에 해방시켜 주셔야 한다고 생각했다. 그래서 통증에 몸부림치는 것 외엔 아무것도 할 수 없는 나 자신은 하나님으로부터 단절된 존재인 것만 같았다.

그러나 하나님은 여전히 나를 사랑하고 계셨다. 그리고 '어느새' 나를 통해 일하고 계셨다.

나는 내가 만들어 낸 하나님에 대한 기준으로 하나님의 사랑을 재단하고 있었다. 하지만 하나님은 내가 가장 무력한 가운데서 하나님의 사랑을 경험하게 하셨다.

통증으로 잠 못 이루는 긴긴밤에 틀어 놓은 찬양을 통해, 사람들과 통화할 기운조차 없을 때 들었던 설교 말씀을 통해 하나님에 대한 오해가 풀리기 시작했다. 그리고 이 모든 과정을 포기하려 할 때마다 최적의 타이밍에 믿음의 사람들을 보내 주셨다. 매일 같이 거즈를 물고 침대에 누워 버텨 내야 했던 그 시간 동안 도리어 '어느새' 나는 하나님과 가까워져 있었다.

아프기 전에 지인들은 나를 향해 '진짜 교회를 다니는 게 맞냐'며 웃곤 했다. 하지만 투병 중에도 늘 하나님의 사랑에 감사하고 그 사랑을 붙들고 의지하는 나를 보며 자신 또한 하나님을 믿어 보고 싶다고 고백해 왔다. 나의 질병을 통해 '어느새' 하나님의 이름이 영광을 받게 되었다.

하나님은 이 투병의 시간을 통해 나를 하나님의 사람으로 빚어가셨다. 그 어떤 것도 끊을 수 없는 하나님의 사랑이 나를 붙들고 있음을 깨닫게 되었다. 그리고 가장 적합한 때에, 비록 그때가 내 생각보다 더디 오더라도 분명히 나를 치유해 주실 것임을 확신하게 되었다. 그리고 그때를 기다리며 최선을 다해 치료받고, 재활에 임했다. 고난을 낭비하지 않고자 했다.

하나님은 약속을 지키시는 분이었다. 나는 서서히 회복되기 시작했다.

하나님은 기적을 만드시는 분이었다. 담당 교수님은 나의 회복은 의학적으로 설명할 수 없는 놀라운 것이라고 말씀하셨다.

"너희 마음에 그리스도를 주로 삼아 거룩하게 하고 너희 속에 있는 소망에 관한 이유를 묻는 자에게는 대답할 것을 항상 준비하되 온유와 두려움으로 하고"(베드로전서 3:15).

나는 근거 있는 낙관주의자이다. 내 속에 있는 소망의 이유는 바로 나의 아버지가 하나님이시라는 사실, 단 한 가지이다.

제 직업은 환자입니다

2020년, 극심한 통증으로 하루에도 몇 번씩 숨을 쉬지 못해 기절하여 응급실에 실려 갔다. 그 당시 내가 수첩에 적어 놓은 문구가 있다.

'희귀 난치병인 CRPS여서 다행이다. 불치병이 아니니까 난 좋아질 수 있다!!!'

지금 생각해 보면 도대체 무슨 패기였을까 싶지만 결국 말한 대로 이루어졌다. 통증이 시작된 지 만 6년이 다 되어 가는 현재 CRPS 환자인 나는 믿기 어려울 만큼 상태가 호전되었다.

신발을 신고 걸을 수 있기만 해도 바랄 것이 없다고 생각했다.

그러나 지금은 신을 수 있는 신발이 세 켤레나 된다. 다리를 움직이고 발을 땅에 디딜 때마다 통증이 솟구쳤다. 인생의 대부분의 시간을 두 발로 걸어 다녔음에도 새삼 두 발로 걸어 다니는 사람들이 신기해서 창문 밖으로 사람들의 발만 쳐다보았다. 신호등의 보행 신호가 너무 짧다고 느낄 만큼 제대로 걷지 못했다. 그러나 이제는 초록색 신호가 얼마 남지 않았을 때면 뛰어서 여유롭게 횡단보도를 건널 수 있다.

매일 100알을 넘게 먹었던 약은 줄이고 줄여 하루 평균 4알만 복용 중이다. 가장 강력한 약제였던 마약성 진통제 패치는 더 이상 붙이지 않고, 지속성 마약성 진통제 또한 복용하지 않는다. 마약성 진통제는 참을 수 없는 통증이 몰려올 때만 속효성 약제로 복용 중이다.

지난 몇 년간 일주일에 3번씩 모르핀과 아티반 주사를 맞았고 주 1회 케타민 주사를 맞았다. 용량 또한 CRPS 환자 중에서도 심각한 수준에 속할 만큼 많았다. 하지만 이제 더 이상 마약류 주사를 맞지 않는다. (책의 뒷부분에 내가 맞았던 주사 용량과 횟수의 변화를 정리해 두었다.) 주사실 간호사 선생님들은 나를 볼 때마다 기특해하며 폭풍 칭찬을 해 주신다. 그리고 말씀하신다.

"마약을 맞다 끊는 분은 처음 봐요. 소민 님은 다른 환우분들에게 희망이 되어 주고 계세요."

사실 마약류의 주사와 약을 끊는 과정은 서러움의 연속이었다. 무슨 부귀영화를 누리겠다고 이토록 괴로워하며 약을 줄이고 끊으려는 건지……. 때로는 처절한 상황에 지치기도 했다.

아프지 않아서 마약류를 끊은 것이 아니다. 현재도 24시간 내내 통증을 느끼고 있다. 통증이 심한 날 교수님께 나의 상태를 말씀드리면 다시 마약류 주사를 권하기도 하신다. 나도 사람인지라 당장의 아픔을 잠재우고 싶어 마음이 흔들릴 때도 있다. 그럴 때면 힘겹게 이루어 낸 성과를 지키겠다는 다짐 하나로 마음을 다잡는다.

담당 교수님은 내게 '의지의 한국인'이라고 말씀하신다. CRPS 증상이 호전되어 마약을 줄이는 상황은 이전에 없었기에 교수님들에게도 나의 치료는 새로운 도전이었다.

포기하지 않고 도와주시는 담당 의료진분들을 믿고, 나 또한 더 주체적으로 시도하고 노력했다. 나를 위해 애타게 기도하고 응원하는 가족들을 생각하면 그 모든 과정을 멈출 수 없었다. 무엇보다 아프기 전의 모습으로 돌아가고 싶었고, 약과 주사에 의존하여 살고 싶지 않았다.

이제는 응급실에 갈 만큼의 응급 상황이 벌어지지 않는다. 딸이 언제 응급실에 실려갈지 몰라 24시간 내내 긴장 상태로 지내며 방문 앞을 지키던 부모님은 한시름 놓으셨다. 사회의 한 구성

원으로서 응급 상황을 맞이하지 않게 된 것은 더 큰 의미가 있다. 이전에는 항상 비상 상황을 대비해 만나는 모든 사람에게 미리 내가 CRPS 환자임을 밝히고 대처법에 대해 설명해야 했다. 하지만 이제는 그런 절차 없이 자유롭게 활동할 수 있다.

팔에 심어 놓았던 PICC(말초 삽입형 중심 정맥 카테터)를 제거했다. 이제는 한 달에 1~2번의 주사 치료만 받는 것으로 충분하기 때문이다.

PICC를 제거하자 감염의 위험에서 해방되었다. 샤워할 때마다 방수 팔토시를 끼지 않아도 되고, 물로 팔을 씻을 수 있다. 관을 삽입한 주변 피부에는 엄청난 가려움증을 동반한 두드러기가 올라왔지만 이제는 더 이상 그러한 괴로움을 겪지 않아도 된다.

척수자극기가 단 30분이라도 꺼지면 통증이 다시 악화되어 24시간 내내 척수자극기를 켠 채 생활했다. 사실 척수자극기의 도움으로 통증이 감소되는 것도 기적이었다. 그러나 평생 기계의 도움을 받으며 살 수 없다는 생각에 통증 상태가 괜찮을 때마다 잠깐씩이라도 척수자극기를 꺼 놓고 재활을 진행했다. 그 결과 척수자극기의 전원을 끄고도 통증을 버틸 수 있게 되었다. 전원을 끌 수 있는 시간은 점차 늘어나 2023년 여름, 몸에 삽입된 모든 기계를 제거하는 영광의 순간을 맞이하게 되었다.

정신과 진료 또한 졸업했다. 언제 삶을 포기할지 모르는 위태로운 시기를 벗어난 나에게 정신과 교수님은 "이제 진료 오지 않으면 잘 지낸다고 생각할게."라고 말씀하시며 작별 인사를 건네셨다. 항상 좋아질 거라고 위로는 했지만 이렇게까지 호전되어 약을 줄이게 될 줄은 예상치 못했다는 고백과 함께 말이다.

이전에는 잠을 자기 위해 정신과에서 20알이 넘는 약을 처방받아 매일 밤마다 복용했다. 그러나 이제는 정신없이 하루를 보낸 뒤 피로로 가득찬 몸을 누이기만 해도 잠에 든다. 간혹 통증이 심해 잠을 이루지 못하는 날에만 약을 복용한다. 수십 개의 약을 먹고도 통증으로 하루에 30분을 채 자지 못했지만 이제는 성인의 평균 수면시간만큼 자는 날들이 많아졌다.

간혹 처음 만난 사람들이 나에게 무슨 일을 하는지 묻는 경우가 있다. 그럴 때마다 당당하게 대답한다.

"제 직업은 환자입니다."

사람들이 각자의 직업에 열심을 다하듯, 나는 환자답게 생활했다. 통증 호전에만 집중했고 아프기 이전의 삶을 되찾기 위해 전념했다. 포기하고 싶은 순간이 하루에도 몇 번씩 찾아왔다. 하지만 그것을 버텨 내고 이겨 내는 것이 환자의 임무라고 여겼다.

누구든지 직업의 연차가 쌓일수록 그 분야에 대한 숙련도와 전문성이 올라간다. 환자가 직업인 나 또한 그랬다. 우스갯소리로

CRPS에 대해서만큼은 반(半)의사가 되었다고 말할 수 있을 정도이다. 하지만 병에 대한 의학적인 지식보다 더 귀한 것들을 얻게 되었다.

1. 부정적인 감정이 생겨도 하루를 넘기지 않고 털고 일어나는 방법을 터득하게 되었다.
2. 예민하고 완벽을 추구하는 성격에서 상황에 따라 포기하고 무던해질 수 있게 되었다.
3. 다양한 상황에 처한 사람들을 더 깊이 이해하고 그들에게 공감할 수 있게 되었다.
4. 나를 보며 상대적으로 위로를 얻는 사람들이 생겨나게 되었다.

자신보다 힘든 상황에 놓인 사람을 보며 상대적인 위로를 얻거나 감사하게 되는 것이 사람의 본성일지도 모르겠다. 나 역시도 그런 적이 있으니 말이다.

통증으로 아무것도 하지 못하고, 하루 종일 침대에만 누워 있는 내가 역설적이게도 다른 사람에게 힘과 용기를 주는 경우가 생기곤 했다. 그럴 때면 어떤 이들은 나에게 미안한 마음을 품기도 했지만 나는 그것이 CRPS 환자인 나만이 할 수 있는 일이라 생각하여 오히려 감사했다.

예전에 비해 지금의 상태는 거의 기적에 가까울 만큼 호전되었지만 사실 아직 내가 하지 못하는 것들도 많이 남아 있다.

신을 수 있는 신발이 세 켤레이지만 모두 '발에 자극이 되지 않는 편안한 신발'이라는 조건 하나만 충족시키는 것들이다. '예쁜 신발'은 감히 엄두도 낼 수 없다. 엄선된 세 켤레이지만 이마저도 통증 상태에 따라 신지 못할 때가 있다. 무더운 여름철이라도 발을 드러내는 샌들이나 슬리퍼는 당연히 신을 수 없다. 발이 공기에 노출되면 통증이 증가할뿐더러, 통증 부위 피부가 감염될 우려가 있기 때문이다.

아직도 24시간 내내 통증이 나를 괴롭히고 있다. 통증이 심한 날에는 몸을 까딱하기도 힘들어 식은땀만 줄줄 흘린다. 악화된 통증이 며칠간 이어지면 다시 마약성 진통제를 복용하거나 주사를 맞고 싶은 마음이 커진다. 하지만 감사하게도 이제는 버틸 수 있는 만큼의 통증만 찾아온다.

신경계가 이미 통증을 각인했기 때문에 언제든지 증상이 악화될 수 있다고 한다. 그런 끔찍한 상황을 최대한 방지하지 위해 절대로 무리하지 않고 몸조심을 하고 있다. 하고 싶은 일이 너무나도 많지만 자제해야 한다. 때때로 CRPS가 내 삶을 가로막는 장애물로 여겨질 때가 있지만, 이제는 속상한 마음을 금세 떨쳐 버릴 수 있는 마음의 근육이 키워졌다.

나는 내가 못하는 것에 집중하지 않는다. 현재 누릴 수 있는 것만으로도 나에게는 넘치도록 행복하고 감사한 삶이기 때문이다.

병(病)력 단절

질병에 맞서 싸워 건강을 어느 정도 회복하고 나면 사람은 다시 사회로 돌아가야 한다. 문제는 지난 몇 년간 투병에만 전념한 결과로 어느새 사회와 단절되어 버렸다는 사실이다. 경력 단절은 물론, 사회에서 사람들과 관계를 맺으며 살아가는 데 필요한 많은 것들을 잃어 버렸다.

사회인으로 활동을 막 시작하는 20대 후반에 갑작스럽게 찾아온 질병으로 인해 모든 것이 멈추었다. 주위 사람들은 각자의 삶을 멋지게 살아 내고 있는데 나만 아무것도 하지 않는 것 같아 불안했다. 사람마다 인생의 속도가 다르기에 '나는 나의 속도대로 살면 된다.'고 스스로를 다독였다. 예상치 못한 폭풍우인 CRPS를 만났지만 내 삶의 항로는 잘못되지 않았다고 믿으면서 말이다.

2022년 초, 담당 교수님으로부터 '이제 일상생활을 넘어 사회로 돌아가기 위한 도전을 하나씩 해 보아도 될 것 같다.'는 소견을 들었다. 하지만 현실은 냉혹했다. 지옥 같은 통증을 버티고 이겨 내어 조금씩 사회로 발걸음을 내딛으려 하는 나를 사람들은 부담스러워했다. 환자인 나는 CRPS를 모두가 하나씩은 안고 있는 지병 정도로 받아들이기 위해 목숨 걸고 치료받으며 마음을 다스렸는데, 정작 사회에서 나는 중증 희귀 난치 질환자일 뿐이었다.

투병 기간 동안 사람들은 '건강만 회복하면 무엇이든 할 수 있으니 걱정하지 말라.'고 말했다. 그런데 막상 건강을 회복하자 '배려'라는 이름으로 포장된 선입견을 갖고 나를 대했다. 환자가 사는 세계와 건강한 자들이 사는 세계가 나누어져 있는 것만 같았다. 그들의 세계에 발을 디디는 나를 향한 응원의 목소리도 있었지만 걱정을 빙자한 우려의 목소리가 항상 뒤따랐다. 나의 건강이 호전되었고, 당신들과 함께할 수 있다고 스스로 증명해 내야 하는 순간들도 펼쳐졌다.

열심히 공부하면 사회에서 원하는 일을 하며 살 수 있을 거라 생각했다. 하고 싶은 것도 많아 누구보다 시간을 아껴 가며 멋진 미래를 위해 노력했다. 공부뿐 아니라 사람들을 좋아했기에 관계 맺는 일도 소홀히 하지 않았다. 하지만 CRPS라는 질병은 이 모든 노력을 한순간에 물거품으로 만들어 버렸다.

아프기 직전 가장 하고 싶었던 전문직 공부를 시작해 감사하게도 그해 1차 시험에 높은 점수로 합격했다. 하지만 하루하루 악화되는 몸으로 더는 남은 절차에 임할 수 없었다. 앉아 있지도, 서 있지도 못하는 상태가 되어 버렸으니 그 어떤 일도 할 수 없었다. 당장 죽고 사는 문제 앞에 놓이자 치료 외에는 아무것도 중요하지 않았다.

대학생 시절부터 끊임없이 수학 과외 문의를 받았다. 학생들의 성적 향상을 보장할 수 있었기에 기쁨으로 가르쳤다. 늘 결과가 좋아 감사하게도 나에게 배우고자 하는 학생들이 매번 대기하고 있었다. 투병 중일 때도 입원과 치료 일정을 모두 기다려 가며 수업을 받으려는 학생들이 있었다. 나에게 주신 달란트를 활용하고 싶어 어떻게든 수업을 이어 가려 했지만 불가능한 일이었다. 아이들을 가르치는 시간 동안 통증을 참아 낼 수 없어 이 일 또한 멈추어야 했다.

긴 인생에서 잠시 쉬어 가는 기간이라 생각해 보기도 했다. 하지만 CRPS는 잠시에 끝나는 '치료'가 아니라 장기간의 '투병'이 필요한 질병이었다. 그렇게 나의 사회적 경력은 단절 상태가 되었다.

누군가는 이제까지 열심히 쌓아 온 노력들이 너무 아깝다고 말했지만 그 당시 나는 오직 살아야 했기 때문에 그런 생각조차 할 수 없었다. 삶의 단계마다 우선순위가 있는 법이니 그때는 치료에 전념하는 것이 최우선이라는 판단을 내렸다.

할 수 있는 것들을 찾아 나갔다. 사회가 나를 반겨 주지 않는다고 해서 좌절하고 있을 수만은 없었다. 더 이상 통증을 버티며 아프기 전의 모습으로 돌아갈 날을 막연히 기다리는 것만으로는 부족했다.

장기간 투병생활로 인해 바른 자세로 앉아 있는 법을 잊어버렸다. 사람들과의 소통이 빈번하지 않으니 대화할 때 어떤 태도를 취해야 하는지도 잊어버렸다. 사회생활을 하려면 '사람'을 만나야 하기에 기본적인 것부터 다시 연습해 나갔다.

등을 똑바로 펴고 앉는 자세, 눈을 보고 이야기하는 것, 명확한 발음으로 말하기 등 사람들과 원활한 관계를 맺는 데 필요한 요소들을 교정해 나갔다. 병원과 집만 오가며 멈추어 있었던 삶을 사회 속으로 다시 이끌고 들어가기 위한 첫걸음이었다.

통증으로 인해 몇 년간 하루에 채 30분도 앉아 있을 수 없었다. 앉아 있더라도 힘이 없어 항상 어딘가에 기대어 있었다. 바른 자세를 연습하며 새삼 목을 가누는 데 얼마나 많은 힘이 들어가는지 깨닫게 되었다.

절대 한순간의 변화를 기대하지 않았다. 장기간에 걸쳐 몸을 서서히 적응시켜 나갔다. 통증이 심한 날에는 과감히 쉬고, 움직일 수 있는 날에는 그 시간과 횟수를 차츰차츰 늘려 나갔다. 이 또한 재활 치료의 일부라고 생각했다.

외출 준비 과정마저 몸이 적응하기 위해서는 상당한 시간이 필요했다. 샤워를 하고, 옷을 입고, 필요한 물품을 챙기는 등의 행위가 통증에 영향을 주었기 때문이다. 누군가에게는 당연하고도 아주 사소한 일이겠지만 나에게는 그 자체가 도전이었다. 특히 샤워하며 물이 닿을 때마다 악화되는 통증에 적응하고 이겨 내야 했다. 샤워를 마치고 나면 기진맥진한 상태가 되어 침대에 누워 쉬어야 했다. 하지만 아프기 이전의 모습을 떠올리며 반복 또 반복했다.

타인의 눈에 아픈 사람으로 보이지 않기 위해서는 외적인 모습 또한 중요했다. 아무리 사람의 내면이 중요하다지만 첫인상이란 본디 눈에 보이는 것에 의해 판단되는 것이기 때문이다. 옷차림, 걸음걸이, 앉아 있는 자세, 표정, 상대의 말에 반응하는 태도 등에서 환자처럼 보이지 않기 위해 최대한 깔끔한 몸가짐을 하려 애썼다. 수면 아래에서 쉼 없이 발을 움직이며 우아한 모습을 유지하는 백조처럼 환자로 보이지 않기 위한 수많은 노력이 필요했다.

이처럼 하루하루 쌓았던 투병의 노력은 새로운 목표와 꿈의 자양분이 되어 주었다.

섬김받는 자에서 섬기는 자로

내가 출석하고 있는 교회는 '제자훈련'으로 유명한 곳이다. 이 훈련은 작은 예수의 모습으로 이 땅에서 살아 나가는 것을 목표로 1년 동안 진행된다.

아프기 전에 나는 언제든지 원할 때에 제자훈련을 받을 수 있을 거라고 생각했다. 세상에는 제자훈련보다 훨씬 더 내 마음을 끄는 것들이 수없이 있었기에 제자훈련은 늘 삶의 우선순위에서 뒷전으로 밀렸다. 일단 내가 마음만 먹으면 제자훈련은 성실히 받을 테고, 그 후에 나처럼 사람을 좋아하고 활달한 사람이 리더가 된다면 교회로서도 엄청난 행운이 아닌가 하는 오만한 생각마저 하고 있었다.

하지만 훈련은커녕 예배조차 마음대로 드릴 수 없는 상황에 처하게 되자 지난날에 대한 후회가 밀려왔다. 훈련을 받을 수 있는 충분한 환경을 허락해 주셨음에도 그 기회를 내팽개친 것에 대해 회개했다. 혹여나 회복되어 다시 훈련을 받을 수 있게 된다면 하나님께서 원하시는 대로 섬김의 자리에서 쓰임받길 기도했다.

드디어 하나님의 은혜로 수년 만에 다시 사회 속으로 들어서게 되었다. 회복된 이후 첫 번째 시간과 첫 번째 힘을 하나님 앞에 온전히 쏟고 싶었다. 그 각오로 교회 청년부에서 진행하는 제자훈련에 지원했다.

그렇게 시작한 제자훈련 기간 동안 나에게 찾아온 가장 큰 변화는 마태복음 16장 24절 말씀을 받아들이는 태도였다.

"이에 예수께서 제자들에게 이르시되 누구든지 나를 따라오려거든 자기를 부인하고 자기 십자가를 지고 나를 따를 것이니라"

자주 들어왔던 말씀이지만 사실 나는 이 말씀을 이해할 수 없었다. 나를 만드신 이가 하나님이시고, 나의 어떤 모습이든 사랑하신다면서 왜 기독교에서는 항상 '자기 부인'을 강조하는지 알 수 없었다.

그러나 드디어 제자훈련을 통해 자기를 부인하는 것의 참 의미를 깨닫게 되었다. 이 땅에서의 삶은 내 멋대로 살면서 내가 추구하는 행복만을 좇아서 가는 것이 아니었다. 오히려 나의 본성을 내려놓고 예수님을 닮아 가기 위해 고군분투하는 것이었다. 나는 완전히 비워지고 예수 그리스도만이 내 안에 남는 것, 그리고 그 과정 가운데 참 기쁨과 참 평안을 누리는 것. 좁고 험한 길이지만 나는 지금도 그 길을 감사함으로 걸어 나가려 애쓰고 있다.

제자훈련의 여러 과정 중 가장 현실적으로 우려했던 것은 교통봉사 섬김이었다. 추운 겨울에, 야외에서, 1시간 동안 서서 교회로 들어오는 차들을 안내하는 것은 신경계 질환자인 나에게는 불가능에 가까웠다.

하지만 하나님은 불가능의 한계를 뛰어넘게 하셨다. 9월에서 2월까지 이어지는 6개월간 영하 20도의 날씨 가운데서도 단 한 번도 빠지지 않고 온전히 봉사의 자리를 지킬 수 있었다.

감사하게도 훈련을 받는 1년의 기간 동안 내 증상은 서서히 호전되었고 2023년, 청년부 리더로 서임받게 되었다. 나는 '내 사람'에게는 헌신적으로 모든 것을 베푸는 편이지만 '내 사람'이라는 영역의 장벽은 매우 높은 편이다. 하지만 내게 허락하신 조원 10명의 명단을 보고, 그들의 얼굴을 보는 순간 '천하보다 귀한 한 영혼'이라는 말을 마음 깊이 이해하게 되었다.

항상 '내 사람'의 영역에 있는 가족, 그리고 소수의 지인만을 위해 마음을 다해 기도했다. 그런 내가 맡겨 주신 조원들을 만난 이후로 오히려 나라는 사람을 잊을 만큼 조원들만을 위해 기도하게 되었다.

하나님을 믿어서 행복하다는 고백을 함께 나누며, 예수님의 제자로서 살아가는 삶을 함께 누리는 것이 최우선 기도 제목이 되었다. 그들과 하나님 안에서 영적인 한 가족을 이루는 것은 물론이고, 그들의 삶 속으로 깊이 들어가 하나됨을 느끼게 해 주고 싶었다. 보잘것없는 내가 누군가를 섬길 수 있다는 것은 하나님께서 허락하신 특권이라는 생각이 들었다.

내가 만약 리더로 섬기지 않았다면 굳이 타인의 생각을 이해하기 위해 노력하지 않았을 것이다. 나의 생각과 판단으로 다른 사람을 재단하고, 그 기준에 맞지 않으면 '내 사람'의 영역에서 배제하면 되는 일이었다. 하지만 완고했던 나의 이러한 생각도, 나를 있는 그대로 받아 주신 예수님을 닮아 가려 애쓰는 과정에서 변화되기 시작했다.

투병의 과정을 통해 내 노력과 열심으로 되지 않는 영역이 있음을 분명히 깨달았기에 조원들을 섬기는 과정에서도 하나님의 도우심을 간절히 바랐다. 아무리 나의 최선으로 그들을 섬긴다 해도 그들의 건강한 영적 성장은 하나님이 행하실 영역이었다. 조원들을 양육하며 항상 하나님의 지혜를 구할 수밖에 없었고, 내가 말하고 행동하는 모든 순간에 오직 하나님이 일하시길 기도했다.

많은 사람들이 내가 투병하며 제자훈련을 받는 것은 어려울 거라 말했다. 그리고 그보다 더 많은 사람들은 설령 제자훈련을 마칠지라도 리더로 섬기는 것은 불가능할 거라 말했다. 하지만 나의 삶이 오직 하나님의 도구로만 쓰이길 기도하자 하나님은 사람의 예상을 뛰어넘어 역사하셨다.

나는 '기도에 빚진 자'이다. 그리고 이제는 그 빚을 갚아 나갈 때이다. 특별히 나는 지금도 통증에 시달리고 있는 많은 CRPS 환우들과 그 보호자들을 위해 끊임없이 기도하고 있다.

증상이 호전되고서도 마음 한편이 무거웠다.

'왜 수많은 CRPS 환자 가운데 나만 좋아졌을까. 아픈 사람들이 얼마나 많은데……. 호전될 수 있는 총량이 있다면 모든 환자가 똑같은 양으로 조금씩 좋아지면 얼마나 좋을까.'

나는 결코 이타적이거나 착한 사람이 아님에도 이런 생각이 머릿속을 맴돌았다. CRPS 환자들이 깊은 어둠 속에서 하루하루를 얼마나 힘겹게 보내고 있는지 누구보다 잘 알기에 나 홀로 좋아졌다는 것이 너무나도 미안했다.

그들을 위해 내가 할 수 있는 것은 기도뿐이다. 나조차도 나를 위해 기도하면서 호전되리라는 믿음을 갖지 못했지만 나보다 더 확신을 갖고 기도한, 이름도 다 열거하기 힘든 수많은 이들의 기도 덕분에 나는 이만큼 회복되었다. 이제는 내가 아픔 속에 있는 자들을 위해 치유의 하나님을 믿고 기도할 차례이다.

기도할 힘조차 없는 이들을 위해, 그들의 곁에서 기도로 함께하는 사람이 되고 싶다.

건강을 선물해 드립니다

평범한 보통 사람의 생활로 돌아가기 위해 삶의 전 영역에 걸쳐 끝없이 노력했다. 그리고 2022년 봄, 아빠의 사업장으로 출퇴근하기 시작했다. 아침에 눈을 뜨면 병원이 아닌 회사에 갈 수 있다니! 감격과 감사뿐이었다.

투병하는 내내 큰 감정의 동요 없이 묵묵히 내 곁을 지켰던 아빠 또한 다음과 같은 글로 이날의 기쁨을 남기셨다.

2022년 봄날, 딸 아이가 회사에 출근하겠다고 했다. 수많은 고통과 위험한 치료 과정을 지나 이제 신발을 신고 보조 지팡이의 도움을 받아 병실에서 사회 속으로 나오려 하는 모습이 기특하기만 하다. 사실 부모가 자식을 도울 수 있는 것은 아주 작은 부분인 것 같다.

누구든 자신만이 아는 말 못할 아픔을 겪으며 살아간다. 자신이 겪는 고난이 최고로 힘든 것이라 생각하기 마련이다. 하나님께서는 우리에게 동일한 시간을 주셨지만 고난의 시간은 더디게, 행복의 시간은 짧게 느껴진다. 순간순간 찾아오는 행복의 시간들로 고난의 시간도 포용하는 생활을 했으면 한다.

범사에 감사하는 일상이 어떠한 환란도 끝까지 인내하게 하며 하나님께서 주신 인생의 아름다운 결실을 맺게 할 것이다. 소민이의 삶도 이러하길!

회사에서는 힘들다고 누워 쉴 수 없으니 장시간 앉아 있을 수 있도록 몇 달에 걸쳐 매일 변화되는 통증 상태에 맞추어 훈련했다. 그럼에도 불구하고 체력적으로 무리가 되면 통증이 금세 악화될 위험이 있어 주 2회 출근부터 시작했다. 몸이 충분히 적응했다고 판단된 순간부터 주 3회로 출근일을 늘렸다.

사회로 복귀하여 일을 시작하자 내 몸에 좋은 영향들이 나타났다. 아침에 출근해야 하다 보니 일정한 시간대에 기상하게 되었고, 덕분에 규칙적인 수면 사이클과 생활 패턴을 가질 수 있게 되었다. 점심시간에 사람들과 함께 다양한 음식을 많이 먹으며 체력도 더 길러졌다. 활동량 또한 자연스럽게 늘어났다.

물론 사회생활을 하며 통증 환자가 고려해야 할 부분들은 생각보다 많았다. 집에 있었다면 기온과 습도를 나에게 적합하게 맞출 수 있지만, 회사는 그럴 수 없었다. 비나 눈이 온다고 해서 출근하지 않고 집에만 있을 수도 없었다. 많은 부분에서 최대한의 배려를 받으며 일했지만 업무량은 내 통증 상태에 따라 조절할 수 있는 것이 아니었다.

하지만 언제까지나 통증 환자로 남아 있을 수는 없었다. 이 모든 여정이 나에게는 재활이라 생각하고 병원에서 배웠던 그대로, 나 스스로 일상생활을 위해 훈련했던 그대로 적용해 나갔다.

점차 일하는 것이 익숙해지자 내 힘으로 할 수 있는 일을 하고 싶어졌다. 전공인 컴퓨터공학은 이미 장기간 업무 현장에서 떠나 있었던 터라 살릴 수 없었다. 다양한 분야를 조금씩 시도해 보았지만 그때마다 CRPS가 발목을 잡았다. 머릿속으로 수도 없이 시뮬레이션해 보고 대응책도 궁리해 보았지만 실제 행동으로 이어지면 통증이 악화되는 상황이 계속해서 발생했다.

너무나 어렵게 회복한 몸 상태였기에 당연히 새로운 도전을 포기하는 쪽을 선택하곤 했다. 그러던 중 몸이 회복되면 꼭 한번 해보고 싶은 일을 만났다. 바로 견과류 사업이었다. 내가 너무나도 좋아하고, 잘해 낼 자신도 있는 그 일.

지난 몇 년간 복용하는 약이 많았던 만큼 부작용 또한 심하게 겪었다. 후각과 미각이 극도로 예민해져서 향이 있는 음식은 먹기 힘들었다. 소화기관 또한 모두 약해져 몸에서 받아들일 수 있는 음식 종류도 많지 않았다.

그때 견과류가 나의 에너지 주공급원이 되어 주었다. 엄마는 내가 잘 먹는 견과류를 바(bar) 형태로 만들어 주셨다. 밥알조차 삼키지 못할 때에는 엄마가 만들어 주신 이 견과류 바를 먹는 것으로 영양 보충을 대신했다.

이전엔 그저 맛있어서 먹었던 견과류를 영양제처럼 꾸준히 챙겨 먹게 된 두 가지 이유가 있다.

첫째, 견과류를 꾸준히 섭취하면서 내 몸에 일어난 변화가 피 검사를 통해 직접 나타났기 때문이다.

나는 많은 약을 먹으며 장기간 투병생활을 하고 있는 탓에 주기적으로 피검사를 받고 있다. 그러던 중 견과류를 매일 섭취한 지 몇 달 뒤에 실시한 피검사에서 좋은 콜레스테롤(HDL)[1] 수치가 기준보다 2배 이상 높게 나왔다. 의사 선생님은 좋은 콜레스테롤 수치가 높으면 많은 사람들에게 나타나는 특정 질병의 발병률이 낮아진다는 연구 결과가 있다고 말씀해 주셨다.

둘째, 엄마의 건강을 위해서였다.

엄마는 약 8년 전에 가벼운 뇌경색이 찾아온 이후 항혈전제와 고지혈증약을 매일 드시고 있다. 뒤늦게 혈관에 좋은 영양제들을 찾아보았지만 약을 복용 중인 엄마가 영양제를 먹어도 되는지에 대해서는 의료진마다 의견이 분분했다. 이런 상황에서 영양제보다 안전하며 혈관에 좋은 식품인 견과류를 챙겨 드려야겠다고 생각했다. 건강한 사람들도 혈관 건강을 지키기 위해 영양제를 먹는데, 계속해서 위험을 안고 살아가야 하는 엄마에게 견과류를 챙겨 드리는 것은 딸로서 할 수 있는 최선이었다.

견과류 사업의 최대 장점은 나의 통증 상태에 맞게, 체력에 무리 되지 않는 선에서 준비할 수 있다는 것이었다. 그리고 혹여나 예상대로 사업이 잘 진행되지 않더라도 어차피 나와 가족이 먹을 음식이니 부담 없이 시도해 볼 수 있었다.

판매량을 걱정했던 것이 무색할 만큼 나의 견과류를 한번 맛본 사람들은 이런 견과류는 처음 먹어 본다며 재주문을 하기 시작했다. 문제는 생산량이었다. 여유 시간에 쉬엄쉬엄, 혼자 사부작대며 할 수 있으리라 생각했던 것과 달리 밀려 들어오는 주문량에 단 하루도 쉴 수 없게 되었다. 갑작스레 앉아 있는 시간이 늘어나고 매일 쉬지 못한 채 일을 하자 통증이 악화되기도 했다. 딸이 화장실 갈 시간조차 없이 바쁘게 일하고 있으니 부모님은 염려하시며 같이 일손을 보태시기도 했다.

시간이 지나며 조금씩 하루 생산량을 제한하는 등의 요령을 익혀 나갔다. 전에는 하루라는 시간이 지겹도록 흐르지 않았는데 견과류 사업을 시작한 뒤로는 정신을 차리면 어느새 해가 져 있곤 했다. 더 나아가 언제부턴가 사람들과의 대화 속에서 '벌써'라는 표현을 쓰는 나 자신을 발견했다.

견과류 포장지에는 '건강을 선물해 드립니다'라는 문구를 새겨 넣었다. 내가 건강을 잃었을 때 건강한 음식을 먹으며 버텨 냈으니, 이제는 건강한 음식으로 사람들에게 건강을 선물하고 싶다는 소망을 이 문구에 담았다. 또한 많은 사람들의 도움 덕분에 건강을 회복하여 다시금 사회로 돌아올 수 있었기에 '나 혼자만' 잘 살고자 하는 마음이 없어졌다. 그렇기에 얻는 수익의 일부를 희귀난치질환 환우들을 위해 사용하겠다고 결심할 수 있었다. 아픔을 겪고 있는 분들을 위해 기도함과 동시에 현실적인 도움도 드리고 싶다.

살날이 너무 많이 남은 것이 괴로웠던 한 청년은 이제 남은 날이 너무나도 기대된다.

―

1) HDL: 고밀도 콜레스테롤 _ 혈관 벽에 쌓인 콜레스테롤을 간으로 운반하는 역할을 해 동맥경화를 예방하는 역할을 하는 좋은 콜레스테롤이다.

에필로그

 흔히들 인생을 사계절에 비유하곤 한다. 그 비유대로라면 내가 CRPS 확진을 받고 투병을 시작한 시기는 인생의 초여름이었을 것이다.

 연둣빛의 새순은 짙어졌고, 꽃은 피어나 알알이 열매 맺을 준비를 하고 있는 가장 반짝이는 계절, 가장 싱그러운 계절, 가장 뜨거운 그 계절에 갑작스러운 한파가 삶에 닥쳐왔다. 스물여덟의 여름, 꽃이 졌다.

 분명 초여름이었던 계절이 한겨울로 바뀌어 버렸다. 피어나지도 못한 채 져 버린 꽃을 보며 슬퍼할 겨를도 없이 당장 1분 앞도 그려 볼 수 없는 고통이 시작되었다. 세찬 바람에 여린 가지들은 꺾여 나갔고, 긴긴 암흑에 나무는 자라나기를 멈추었다. 버티고 또 버티는 날들의 연속이었다.

 하지만 긴긴 겨울 뒤에 봄이 찾아왔다. 나무의 몸은 상처로 깊이 패였고, 꺾였고, 휘어져 버렸지만 그 뿌리만은 땅속 깊은 곳을 향해 조금씩 뻗어 나가고 있었다.

마침내 찾아온 봄. 나무는 새로운 움이 돋고, 순이 나고, 새로운 꽃과 열매를 틔울 준비를 하고 있었다. 그리고 그 모든 것은 나무가 처음 바랐던 것보다 더 단단하고 아름다웠다.

글을 쓰면서 내 책의 제목이 '기적의 CRPS 치료법'이었다면 얼마나 좋았을까 하는 생각을 하곤 했다. 하지만 안타깝게도 나의 CRPS 투병은 햇수로 7년째 현재 진행 중이다. 어쩌면 삶이 끝날 때까지 계속될지도 모르겠다. 하지만 나는 감히 이 책에서 '기적'을 말하고 싶었다. CRPS 환자인 내가 내일을 기대할 수 있게 되었다는 사실, 그 자체가 바로 기적이다.

이 책은 매일 통증일지를 기록하는 나의 모습을 보신 담당 교수님의 권유로 시작되었다. 교수님은 내 이야기가 CRPS라는 생소한 병을 알리는 것은 물론, CRPS로 고통받고 있는 환우와 그 가족들에게 실제적인 도움이 될 것이라고 말씀하셨다.

사실 인생에서 가장 고통스러웠던 순간을 세세하게 떠올리며 반복해서 교정하는 과정은 쉽지 않았다. 하지만 오늘도 매분 매초를 견디며 살아가고 있을 CRPS 환우들에게 여기 내가 이렇게 기적처럼 살아 있다고 말하고 싶었다. 여기 부여잡을 한 조각의 희망이 있다고 말이다.

 단 한 사람의 환우에게라도 도움이 되길 바라며 시작했던 이 글은 내 고통의 시간을 이해하고, 위로받는 기회가 되었다. 또 나를 끝까지 붙들어 주었던 소중한 사람들에 대해 다시금 감사하게 된 시간이기도 했다.

 지난 시간의 이야기가 하나의 책으로 만들어지는 과정 속에서 아픔의 이유를 깨달을 수 있게 해 주신 박신애 편집자님, 정답이 없는 질병의 정답을 찾기 위해 함께 애써 주신 담당 의료진분들, 그 어떤 말로 표현해도 부족할 만큼 사랑하는 우리 아빠 김중순 대표님과 엄마 최숙자 선생님, 보고만 있어도 나를 웃게 해 주는 사랑스러운 동생 동찬, 나의 베프이자 항상 든든하게 곁을 지켜 주는 좋은 언니, 부족한 내 글을 위해 바쁜 일정 가운데 추천사를 써 주신 많은 추천인분들께 감사를 전한다.

 마지막으로 마른 나뭇가지에 불과했던 아론의 지팡이에서 움이 돋고 순이 나고 꽃이 피어 살구 열매가 열리게 하셨던, 그리고 말라비틀어져 가던 나의 삶을 다시 소생하게 하신 하나님께 다 표현할 수 없는 사랑과 감사를 올려 드린다.

그 어떤 어려움을 만나도 우리는 그 안에서 희망을 찾을 수 있다.

그 어떤 상황 속에서도 희망을 놓지 않으면, 기적은 반드시 우리 곁에 찾아온다.

여기, 저 살아있어요

초판발행	2024년 7월 10일
초판2쇄	2024년 9월 25일
지 은 이	김소민
펴 낸 이	강성훈
발 행 처	소북소북
주　　소	03128 / 서울시 종로구 대학로3길 29, 신관 4층(총회창립100주년기념관)
편 집 국	(02) 741-4381 / 팩스 741-7886
영 업 국	(031) 944-4340 / 팩스 944-2623
홈페이지	www.pckbook.co.kr
인스타그램	pckbook_insta
등　　록	No. 1-84(1951. 8. 3.)

책임편집 정현선	**일러스트** 김소영
편 집 오원택 김효진 박신애	**디자인** 남충우 김소영 남소현
경영지원 박호애 서영현	**마케팅** 박준기 이용성 성영훈 이현지

ISBN 978-89-398-7006-2
값 16,700원

소북소북은 한국장로교출판사의 출판 브랜드입니다.

※ 이 출판물은 저작권법에 의해 보호를 받는 저작물이므로 무단전재와 무단복제를 할 수 없습니다.